LE JOUR
OÙ L'HISTOIRE
A RECOMMENCÉ

DU MÊME AUTEUR

LE COMMUNISME, coll. « Que sais-je ? », P.U.F., 2001.
J'AI VU FINIR LE MONDE ANCIEN, Grasset, 2002.
AU FIL DES JOURS CRUELS : 1992-2002, *chroniques*,
    Grasset, 2003.
L'ODYSSÉE AMÉRICAINE, Grasset, 2004.
RENDEZ-VOUS AVEC L'ISLAM, Grasset, 2005.
SOCIÉTÉS SECRÈTES, de Léonard de Vinci à Rennes-le-
    Château, Grasset, 2007.
LE MONDE EST UN ENFANT QUI JOUE, Grasset, 2009.

ALEXANDRE ADLER

LE JOUR
OÙ L'HISTOIRE
A RECOMMENCÉ

BERNARD GRASSET
PARIS

ISBN 978-2-246-79028-0

Introduction

Nous avons connu depuis le début de l'année 2011 un bouleversement immense qui ne peut ni ne doit être sous-estimé. Certes, ce n'est jamais que le second coup de semonce du nouveau siècle : le premier a commencé sa course en 1989, et s'est achevé en 1992 avec l'implosion de l'Union soviétique et la fin du système communiste. Nous connaissons aujourd'hui un choc de même ampleur, avec la tempête qui s'est abattue sur le monde arabe et qui, de manière assez voisine avec celle qu'on a connue à l'Est, se traduit tout d'abord par une revendication généralisée de liberté, de participation politique, d'émancipation – j'utilise volontairement les termes les plus généraux, et non celui, beaucoup plus contraignant, de démocratie.

Si la chute du bloc soviétique pouvait sembler prévisible, en revanche, pour le monde arabe, personne n'a rien vu, parce que deux systèmes d'explication, rivaux mais complémentaires, fonctionnaient jusqu'alors à l'unisson pour interpréter la spiritualité politique de cette région du monde, de manière équivoque. Car ces systèmes n'accordent aucune place à des forces qui se sont avérées décisives dans le déclenchement de la crise. Le premier système d'explication consistait à justifier l'ordre existant, un réflexe bien naturel des chancelleries, des journalistes et des touristes. Il s'agissait de prétendre que ces régimes autoritaires arabes progressaient tout de même sur le plan économique (ce qui était particulièrement vrai de l'Egypte, qui a connu l'année 2010 une croissance de près de 7 %, et plus encore de la Tunisie durant toute la décennie 2001-2010), qu'en outre ces systèmes politiques, parfois catastrophiques, n'étaient en définitive que le résultat d'une histoire particulière et douloureuse ; et qu'il aurait donc fallu laisser aux forces naturelles de l'économie et de la société le soin de lisser très progressivement les aspérités de l'incontestable développement qui s'y affirmait. Ce système d'explication ne laissait aucune place à la possibilité d'une révolte, bientôt majoritaire, et dès lors victorieuse.

Le deuxième système, soutenu par les partisans avoués ou plus hypocrites de l'islamisme politique, explique que, bien que certains aspects culturels du renouveau religieux de l'islam aient pu présenter des aspects parfois déplaisants, il y avait aussi, dans cette émergence, une véritable « modernité » à l'œuvre, parfois bien supérieure à celle des régimes laïcs en place. Ces islamistes représenteraient le levain d'une contestation radicale, pleine de promesses encore non tenues, mais bien préférable aux dictatures qu'ils aspirent partout à écarter et à remplacer. Cette explication est toujours sous-tendue par des théories populistes et chrétiennes sociales, selon lesquelles l'islam radical serait avant tout issu de la protestation des pauvres et des déshérités, et très secondairement seulement et même de moins en moins une forme pertinente de ce que l'on connut déjà en Europe sous la forme substantiellement autoritaire de la « Révolution conservatrice » : dictateurs ibériques, hommes forts polonais ou hongrois, Action française, fascisme italien ou philosophie heideggérienne, dont le nazisme sera plus tard le point de convergence catastrophique. Et que les Frères musulmans sauront éviter.

Or cette empathie ainsi prônée n'a pas fonctionné non plus, au moins sur le plan de la compréhension initiale du phénomène. Ce ne sont pas les pauvres qui sont descendus dans la rue, à Tunis, puis au Caire, mais des jeunes suffisamment fortunés pour posséder déjà les outils de communication modernes ; ce ne sont pas les paysans sans terre qui ont lancé des jacqueries libératrices, loin des grands centres urbains. Certes, à l'origine de l'explosion, il y a eu un événement dramatique survenu dans une petite ville de l'intérieur de la Tunisie, mais dont la pauvreté rurale est loin de ressembler à celle qui affecte toute l'Egypte. Ce sont les urbains qui ont bouleversé le destin du monde arabe, ce n'est pas l'Egypte éternelle et immuable des fellahs, qui trouve à présent pour la première fois sa véritable revanche dans les urnes. C'est Le Caire, capitale véritable du monde arabe et ville mondialisée, plus qu'aucune autre dans la région, qui a pris la tête de la Révolution.

Toute personne qui, sans expérience préalable, arrive au Caire ressent l'immensité et la densité humaine de la ville comme un véritable choc. Il ne s'agit pas seulement de la capitale politique de l'Egypte, pays aujourd'hui pauvre, et désormais surpeuplé, qui serpente telle une vaste oasis longitudinale sur des milliers de kilomètres, jusqu'au barrage d'Assouan. Nous sommes, à l'instar de New York, Istanbul ou Shanghai, en présence d'une capitale aux dimensions continentales, comme si Le Caire dominait depuis toujours une région bien plus vaste : le monde arabe depuis l'Atlantique jusqu'au golfe Persique. Le Caire, cœur essoufflé du monde arabe, est pourtant bien le centre névralgique depuis lequel beaucoup de choses se mettent en marche. Nasser, devenu seul maître de l'Egypte en 1954, chercha bien vite à déployer les ailes de son pays natal vers un Maghreb et un Machrek, en passe de secouer les tutelles française à l'Ouest et anglo-saxonne concernant la Péninsule arabique. La Syrie et le Yémen, les deux pays les plus indépendants du Machrek, songèrent instantanément à se donner à la nouvelle Egypte ; les Palestiniens de Gaza relevaient la tête avec elle ; et le vaste Soudan se tournait aussi vers ses anciens suzerains du nord pour arracher définitivement son indépendance aux Britanniques.

Quand bien même ce rêve unitaire se dissipa progressivement, se heurtant tour à tour à la fierté régionale d'un parti Baas, qui entretenait la rivalité avec Le Caire depuis l'Irak et la Syrie, à la résistance imprévue des Saoudiens, et bientôt aussi à la forte personnalité du Maghreb qui reprenait en main son destin, l'Egypte dut en effet ravaler ses ambitions de puissance. Lorsque, dans un ultime coup de tête, Nasser eut décidé en mai 1967 de provoquer un nouveau bras de fer avec l'Etat d'Israël, qui lui conféra un ultime et précaire leadership sur le monde arabe, une amère réalité s'imposa tout d'un coup. Israël avait avancé jusqu'au canal de Suez et conquis la totalité des territoires palestiniens ; Syriens et Irakiens, bien que désormais frères ennemis, n'en demeuraient pas moins le nouvel espoir des nationalistes impénitents du Machrek, Palestiniens compris. Bientôt dopée par le premier choc pétrolier, l'Arabie Saoudite allait se poser en championne d'un renouveau islamique fondé sur sa richesse rentière, tandis que l'ensemble du Maghreb – même la fidèle Algérie du FLN – affirmait chaque jour davantage sa personnalité propre. Lorsque, en 1973, dans un ultime effort, Sadate eut lavé l'honneur perdu de l'armée égyptienne et créé les conditions d'une paix dans un compromis durable avec Israël, la vallée du Nil retrouvait peu à peu sa douceur accommodante et se tournait vers le tourisme de masse, rudement pressée par une contrainte démographique de moins en moins maîtrisée. Depuis lors, nous avons vécu sur la somnolence de l'Egypte, interrompue par quelques cauchemars : l'assassinat de Sadate en 1981, la campagne terroriste, égyptienne dans sa conception idéologique, qui culmina avec l'investissement de La Mecque deux ans plus tôt, en 1979, et se termina avec l'ultime campagne anti-touristique et xénophobe de 1998, ourdie par le désormais dirigeant d'Al Qaïda Ayman Zawahiri.

Or voici que la vague révolutionnaire de 2011 vient de balayer l'Etat le plus important, sinon le plus influent, de l'Orient arabe, réactualisant aussitôt la puissance égyptienne, qui ne s'était jamais totalement effacée sur le plan culturel et idéologique. Cette renaissance, qui aura triomphé sans effusion de sang d'un Etat réputé puissant et légitime, s'imposera instantanément à ces dix-neuf entités politiques qui conservent l'arabe littéral comme langue officielle et demeurent liées entre elles par une Ligue arabe domiciliée au Caire. Si l'Egypte vient de tirer brutalement un trait sur son histoire récente, qui a débuté dès 1977-1979 par la paix conclue avec Israël, le reste du monde arabe a changé à son tour : au nord, Syrie et Irak commencent à se rattacher à cet ensemble musulman et non arabe que représentent les deux constructions turque et iranienne, desquelles se rapproche aussi une partie de l'Asie centrale, du Caucase, et des Balkans post-soviétiques. Si l'affirmation d'une majorité démographique chiite en Irak, après la chute de Saddam Hussein en 2003, celle d'une nouvelle puissance politico-militaire du Hezbollah au Liban, auront ouvert des frontières beaucoup plus larges à l'Iran – frontières auxquelles celui-ci rêvait depuis le XVIIIᵉ siècle –, un phénomène symétrique est en passe de se produire plus à l'ouest : l'affirmation d'une hégémonie économique turque pleine de nostalgie pour la grandeur de l'Empire ottoman, dans la Syrie voisine, et qui se convertit peu à peu en tentative d'hégémonie politique pure et simple. Dans la guerre anti-terroriste, le sentiment lancinant et structurel d'un affaiblissement global de leur puissance pousse par ailleurs aujourd'hui les Américains à remettre en cause leurs choix antérieurs, avec cet admirable mélange de pragmatisme et d'opiniâtreté qui caractérise depuis toujours cette nation d'ingénieurs

Mais ici, les chances que l'Amérique peut offrir à la liberté politique naissante dans le monde arabe se situent à l'exact opposé de leur ambition prométhéenne qui devait s'exprimer au lendemain du 11 septembre 2011.

Désormais en effet, l'Amérique a l'ambition de se dégager de toute intervention directe et, dans un premier temps, laissera faire les Frères musulmans, actuellement en position de force, à partir de leur forteresse égyptienne. Toutefois, leur relative abstention aura sans doute des chances de mieux préserver l'inévitable dialectique politique qui se met à présent en place, où les forces de liberté devront dans un second temps, et sans faux-semblants, inscrire leurs véritables convictions en opposition à celles, pour l'instant dévorantes, de l'islam politique. Mais alors, la nécessité pour ces forces de procéder à un examen objectif de la place véritable du nouveau monde arabe les conduira à entreprendre enfin cette « longue marche » de la liberté, que, pour son propre compte, le peuple iranien a déjà considérablement engagée depuis au moins quinze ans.

Comme l'écrivait Michelet de la Révolution française, c'est donc une révolution paradoxale de la prospérité relative d'un monde modernisé, qui vient initialement de se produire, et elle ne supporte plus le cadre autoritaire dans lequel l'univers mental arabe était étouffé, à l'instar des sociétés rurales du passé. Un grand spécialiste du monde arabe, Henry Laurens, a tout de suite établi la comparaison avec 1848, « le Printemps des peuples », en Europe : nous n'avons pas été confrontés à une révolte du peuple affamé, ni à une réponse sanglante du despotisme – Libye et Syrie, qui n'y sont venues qu'ultérieurement, mises à part. Nous avons sans doute ainsi été confrontés à une troisième voie, ni franchement transactionnelle et modérée, ni non plus tout à fait insurrectionnelle et sanglante, et ainsi à une issue tout à fait originale à la crise politique profonde qu'appelle le Moyen-Orient, au moins depuis 1989, et la fin échue de la grande alliance soviéto-arabe, conclue à partir du début des années 1950, et relancée par la défaite stratégique de 1967, face à Israël.

Dans le monde arabe, nous étions depuis lors en présence d'une hégémonie politique incontestée et maintenue, malgré la chute du Mur de Berlin, des forces anti-mondialistes, qui ne croient ni à la liberté politique, ni aux vertus du libre-échange. Et de fait, on trouve encore au Moyen-Orient des barrières douanières très fortes, non seulement avec le reste du monde, mais aussi entre pays musulmans « frères », malgré les efforts louables, en sens contraire, de la Conférence islamique. Même au sein d'un seul pays, la richesse ne diffuse pas assez vite vers les classes moyennes, ce qui (l'exemple chinois l'illustre parfaitement en sens contraire) serait pourtant tout à fait compatible avec un niveau très élevé de corruption. Dans ce monde d'Etats commerciaux fermés, on ne croit pas non plus à la libéralisation des mœurs. Le retour à la burqa, inspiré du cas aberrant de l'Afghanistan, la généralisation du port du fichu sur la tête pour les femmes, même chrétiennes en Egypte, sont une affirmation, quelles que soient les précautions rhétoriques prises pour le dénier, du maintien d'un statut juridique intrinsèquement inférieur. La compréhension des mœurs démocratiques indispensables à l'épanouissement de la culture scientifique et de la liberté d'entreprendre laisse aussi beaucoup à désirer, sauf pour quelques oasis prospères de liberté sociétale, dans le nord-ouest de la Turquie depuis trente ans, ou au Maghreb plus récemment. Car il n'y avait pas jusqu'à présent, pour s'en faire les avocats, de théoriciens revendiqués de la démocratie en tant que telle. On trouve certes, parmi les livres qui se publient en arabe beaucoup d'œuvres locales consacrées à l'islam et sa doctrine, beaucoup aussi à l'histoire et à ses gloires passées, mais peu à l'organisation politique proprement dite. Rien en tout cas qui donnerait l'impression que l'Occident soit imité sur le plan intellectuel. Or, il en allait très différemment dans les années 1950 ou 1960, où devait éclore, avec le triomphe des indépendances, un bref printemps libéral (ainsi que l'a baptisé l'historien jordano-américain Fouad Ajami), vite emporté par la vague nassérienne. Si ce printemps se réalise, c'est donc bien malgré tout, aujourd'hui. Dans l'anti-mondialisme politiquement correct, on ne pouvait l'imaginer. Nous avons été ainsi mis en présence d'une révolution de la modernité, avec ses symboles technologiques (portables et ordinateurs), une révolution de l'information qui s'appuie sur des moyens qui ne peuvent plus être gérés par l'Etat centralisateur. Tout cela semble converger vers une aspiration à ce que ces sociétés commencent à vivre au même rythme que le reste du monde. Ce mouvement mondial d'émancipation, que l'on constate, sans les mêmes ambivalences, à Moscou, Pékin, Sao Paulo, Johannesburg et Téhéran, a donc bien fini par atteindre le monde arabe. Enfin.

Le début en Tunisie

Pourtant, comme tout le monde l'aura remarqué, l'expression « Printemps arabe » est fautive dès le départ : tout a commencé en effet fin décembre 2010 avec le suicide de Mohammed Bouazizi à Kasserine, en Tunisie, et l'Egypte aura déjà été gagnée par la vague contestatrice au début de janvier 2011. C'est donc d'un « hiver » arabe dont il faudrait parler, même pour en souligner la douceur. Ce lapsus consistant à baptiser de printemps un hiver devient à présent l'indice d'une généralisation des erreurs d'analyse qui ont tout de suite accompagné le développement impétueux de la contestation. Loin de moi l'idée de dire que ce mouvement n'aurait pas de portée historique, loin de moi l'idée de le comprendre comme s'il s'agissait d'une « ruse de la raison », dans laquelle la prise de pouvoir par des forces autoritaires substantiellement hostiles à la démocratie aurait utilisé l'énergie populaire de la jeunesse, sans que, pour autant, rien n'émerge du processus, à terme, en matière de liberté. Je pense tout au contraire que nous avons assisté pour la première fois à l'irruption de la liberté politique sous la forme de l'idée démocratique dans toute cette région. Mais ce qui est vrai sur une échelle historique et géographique assez vaste ne l'est pas nécessairement à court terme et dans les frontières de chaque pays, au sens restreint. A l'horizon des dix années qui viennent, nous entrons donc dans une zone de tempêtes. Nous sommes certes en présence de potentialités démocratiques profondes, la Tunisie, qui incarne à cet égard une tout autre situation fondamentale que ses voisins, en étant le meilleur exemple. Mais tout à côté, on voit mal comment la Libye pourra se reconstruire si facilement, après l'épreuve héroïque qu'elle vient de traverser et l'aide importante que lui ont fournie les grandes démocraties française et britannique.

Cette pluie bénéfique de la mondialisation libérale qui s'est abattue en quelques semaines sur tout un monde, le monde arabe, est en train d'y provoquer des transformations sans doute très favorables à moyen terme, mais aussi de fragiliser des sociétés entières qui n'y étaient pas vraiment prêtes, avec un cas suraigu de tragédie politique en Syrie. Voici donc le paysage, à la fois chaotique et plein d'espoirs maintenus, qui est en train de se dessiner sous nos yeux. A présent que le chaos syrien et l'éteignoir égyptien nous font craindre le pire, essayons toujours de bien prendre la mesure de la dialectique difficile qui y est à l'épreuve. Ni l'esprit de liberté ni la pulsion autoritaire n'appartiennent entièrement à un seul des camps en présence.

La révolution a commencé dans le pays le plus « européen » de la région, la Tunisie. Il ne s'agit pas d'un hasard. Le décalage entre un système politique devenu grotesque dans son discours manifeste et les aspirations modernes de la société, très largement partagées, est à l'origine directe de la révolution. En effet, la Tunisie connaît depuis dix ans des taux de croissance proches du sud de l'Union européenne (Grèce ou Portugal), une réalité sociale qui, à certains égards, notamment en termes d'espérance de vie, de nombre de lits d'hôpitaux disponibles, de niveau d'éducation, la différencie déjà fortement de tous ses voisins, y compris les plus proches. La Tunisie a connu un long et patient essor économique, lui-même appuyé sur la révolution culturelle de Bourguiba, qui, dès les années 1960, émancipa les femmes et généralisa l'éducation, laissant une armée non politique limitée à sa plus simple expression militaire, et un Etat de droit calqué sur l'exemple français. Mais ces libertés fonctionnaient surtout pour les seules élites. Bourguiba n'a certes pas introduit de parti unique au sens strict, mais une sorte de rassemblement de notables, au départ consensuel, qui tolérait une certaine forme de pluralisme, au moins sur le plan idéologique. C'est cette ouverture qui devait permettre l'éclosion de grands intellectuels indépendants du pouvoir, tels le physicien Mohamed Cherfi, grand promoteur de la laïcité et de l'esprit scientifique dans les années 1990, l'historien de l'islam Hicham Djaït, ou le philosophe Abdelwahab Medheb, ce dernier exilé volontairement en France, mais nullement privé de parole publique. La Tunisie était donc d'autant plus mûre pour une explosion démocratique qu'elle n'a jamais été une véritable dictature terroriste, comme le furent au plein sens du terme les régimes baasistes de la Syrie ainsi que de l'Irak. Ben Ali a fini par comprendre, au point culminant de cette crise, qu'il était désormais détesté et rejeté de cette Tunisie en plein développement économique et social, qu'il avait pourtant lui aussi contribué à faire émerger à sa manière propre. Devant un rejet de cette ampleur, l'armée civilisée dont il héritait de Bourguiba n'était pas disposée à utiliser les armes pour lui garantir son pouvoir. La Tunisie a donc réussi particulièrement vite sa révolution, parce qu'elle jouissait déjà d'une forme de liberté sociétale de style européen. C'est ainsi qu'elle a, dans un même mouvement, commencé à exercer une influence très importante sur sa région tout entière, sur l'Algérie et le Maroc en particulier. Mais, dans ces pays, les transformations qui se préparent n'auront pas la même force d'irruption. Les autres sociétés du Maghreb sont encore loin d'être aussi bonnes conductrices de l'induction révolutionnaire, parce qu'elles étaient paradoxalement bien moins en avance sur le plan de la société civile, et néanmoins plus ouvertes sur celui des institutions et des libertés publiques. On le déplorera tout autant que l'on s'en réjouira.

Propagation en Égypte

La révolution égyptienne n'a de son côté concerné que les villes : presque tout s'est joué au Caire et même sur la place Al Tahrir. Les Egyptiens ont soutenu cette révolution sans pour autant descendre dans la rue. Or la modernité cairote n'est pas celle de toute l'Egypte, il s'en faut, et une correction est déjà en train de s'opérer au détriment de cette société ouverte et mondialisée qui a tant impressionné le monde extérieur. C'est une autre Egypte qui apparaît alors en pleine lumière, tant dans les exactions de plus en plus brutales et intolérantes de l'armée, mais aussi de la population elle-même, que dans la nécessité politique de l'influence électorale largement dominante dont jouissent les islamistes de toutes nuances. Déjà, les avant-dernières élections – qui se sont déroulées certes avec des pressions considérables du pouvoir en 2008 – avaient accordé plus de 80 sièges aux Frères musulmans, qui formaient le principal parti d'opposition légitime, sinon pleinement légal. Parallèlement, l'islamisation ouverte de la société égyptienne contrastait fortement avec celle de la Tunisie. Au début de 2011, la situation égyptienne n'était donc pas tant marquée par un autoritarisme politique, celui du pouvoir déclinant de Hosni Moubarak, mais bien davantage par la chape sociétale qui pesait déjà sur les épaules de beaucoup, en raison de l'influence généralisée des Frères musulmans et des autres groupes islamistes salafistes, situés à leur droite. Enfin, l'Egypte vivait jusqu'ici dans une relative quiétude au regard de ses voisins immédiats, Libye, Soudan et Gaza, qui sont entrés en pleine effervescence intégriste depuis une bonne décennie.

A présent, l'élan politique égyptien trouve tout naturellement sa place prééminente de force d'entraînement et d'élaboration pour les islamistes soudanais désorientés par la partition de leur pays et les militants du Hamas, chassés de Syrie par la guerre civile antibaasiste mais aussi anti-islamiste dans l'autre camp, celui, de leur ancien allié Bachar Assad et qui veulent moins que jamais renoncer à leur contrôle de la bande de Gaza.

Les cinq différentes parties du monde musulman classique, Maghreb, vallée du Nil, Péninsule arabique, « Croissant fertile » syro-irakien, et espace turco-iranien, n'ont donc aujourd'hui pas du tout le même destin, et la révolution libérale de 2011, puis l'« hiver arabe » qui vient à sa suite à partir de 2012, les a touchées de manière différentielle. Il existe des espérances démocratiques solidement établies au Maghreb. Elles sont certes partiellement autoritaires, mais elles n'en seront pas moins plus faciles à mettre en œuvre qu'en Egypte. Il n'y en a pas à proprement parler dans le Croissant fertile, qui émerge tétanisé des longues années de terreur baasiste, à Bagdad comme à Damas, mais en revanche, il est possible que l'Irak et la Syrie soient aimantés positivement, en définitive, par les grandes transformations démocratiques et modernisatrices de la Turquie et, bientôt, de l'Iran. Enfin, un grand point d'interrogation s'impose sur l'avenir de l'Arabie Saoudite.

Car, au sud, les monarchies de la Péninsule arabique sont entrées dans une phase de flux modernisateur dont le symbole est, bien entendu, la nouvelle tour géante de Dubaï. L'idéologie ambiguë de cette modernité partielle se manifeste chaque jour sur les ondes d'Al Jazira, la radio de propagande islamiste basée à Qatar, dont le directeur général est un Palestinien, membre du Hamas. Avec la révolution du Caire, la Péninsule arabique est ainsi devenue la terre de tous les dangers, par son mélange de contrastes sociaux, de richesse rentière et d'affaiblissement politique de son hégémonie, gagée sur une version immuable et non exportable de la tradition musulmane sunnite. Avec la disparition programmée des derniers héritiers directs du roi Ibn Saoud à Riyad, le monde arabe bédouin pourrait ainsi devoir faire le choix d'une mondialisation hâtive, sans participation politique véritable ni volonté à long terme ni d'endiguer ni non plus de promouvoir les forces islamistes que le wahhabisme, version locale de l'intégrisme le plus pur, a rendues peu à peu hégémoniques. C'est là que se jouera, comme sous Nasser d'ailleurs, avec sa malencontreuse guerre au Yémen des années 1960, le sort véritable du bouleversement égyptien. Car le Yémen, anarchique et déchiré entre confessions et tribus différentes, redevient inévitablement le « ventre mou » de la Péninsule par lequel les partisans de l'aventure peuvent atteindre au cœur de la richesse pétrolière des monarchies saoudienne et alliées.

Enfin, un morceau fondamental de la région, soumis à ce qu'il considère à juste titre comme une domination coloniale, les territoires palestiniens, pose un problème existentiel à l'ensemble du monde arabe ainsi qu'à la communauté internationale. Il ne tardera pas à son tour à entrer en effervescence sous l'impact des révolutions de 2011, à moins qu'une diplomatie préventive n'enraye le cercle vicieux qui est en train de s'y dessiner.

En somme, il ne s'agit ni du sacre de la liberté en version islamique, ni d'une progression inexorable d'un nouveau totalitarisme islamique, désormais investi, à plusieurs reprises, de la double légitimité de l'héroïsme guerrier en Libye et en Syrie, et du suffrage universel, en Egypte, en Tunisie voire au Maroc, après la secousse déjà prémonitoire des élections palestiniennes de 2006 qui conférèrent la majorité des suffrages au Hamas islamiste, et entraînèrent la cassure entre Gaza et la Cisjordanie.

Nous sommes entrés dans une phase de transition longue et heurtée, où toutes les règles longtemps en vigueur ressortent déjà définitivement subverties. Mais dans cette nouvelle guerre manœuvrée, les forces montantes de la démocratie n'ont pas encore donné pleinement, les forces provisoirement dominantes de l'islamisme n'ont pas encore fait la preuve prosaïque de l'inanité de leur programme, ou même de la nocivité de leurs convictions les plus ancrées. Mais nous sortirons un jour prochain de ces ambiguïtés et de cette incertitude.

Il faut donc tout d'abord analyser, confronter, comprendre, tout en mesurant qu'à l'issue de ce seul premier acte, les combats décisifs qui imposeront sa forme définitive à une région capitale pour la paix dans le monde sont encore à advenir. Raison de plus pour ne pas seulement juger ces mouvements à leurs discours explicites. L'Islam n'est en effet en rien « un empire dans un empire », « *imperium in imperio* », pour le dire avec Spinoza. C'est une partie dolente, vibrante, mais aussi parfois inventive et originale de notre Humanité de plus en plus unique, de plus en plus solidaire, même à son corps défendant.

Les chemins de la démocratie

Mais reprenons tout d'abord le fil véritable des événements constitutifs du drame actuel.

La révolution arabe qui se déroule, en ce moment même, sous nos yeux s'inscrit d'abord et avant tout dans un contexte planétaire que l'on peut faire débuter dès 1974, année où disparurent les trois derniers régimes fascistes méditerranéens : Grèce, Portugal, et enfin Espagne. Cet effondrement fut un événement majeur, la concrétisation d'une première vague démocratique.

Cette année-là représente la page enfin tournée de la Seconde Guerre mondiale à l'échelle de tout notre continent européen. Après une minute d'hésitation en effet, le camp occidental avait, en définitive, opté pour la sauvegarde des régimes de Franco et de Salazar dans la péninsule ibérique, et mis tout son poids dans la défense militaire d'une contre-révolution grecque, alors encore très minoritaire. Bientôt, dans la même logique, la CIA et les Agences de renseignement européennes allaient tout faire pour raviver les restes du fascisme italien, jusqu'à l'engager, à partir de 1969, dans la « stratégie de la tension » qui finit dans la sanglante confusion terroriste des années 1970-1980. En 1974, le plus précaire de ces régimes, la dictature grecque des colonels, s'effondre, et bientôt la Révolution des œillets au Portugal et la longue agonie de Franco en Espagne ouvrent la voie à la démocratie véritable, après quelques convulsions vite surmontées.

On ignorait à l'époque que cette sortie démocratique de la Seconde Guerre mondiale fasciste en Europe méditerranéenne allait aussi s'appliquer, et avec combien de vigueur, au mouvement communiste dont on n'imaginait pas encore à quel degré ses errements successifs étaient en réalité solidaires du climat obsidional et militarisé qu'avait entretenu le souvenir des victoires si chèrement payées de Staline, de Mao et de Ho Chi Minh. Deux ans plus tard, en 1976 avec la mort de Mao, ce fut paradoxalement de la Chine de la fin de la Révolution culturelle que parvint l'esquisse de cette seconde vague démocratique. Certes, Deng Xiaoping évita soigneusement la démocratisation pure et simple de l'Etat chinois. En revanche, il abolit les racines même du système communiste mis en place en 1949. Deng ne cessa pas de batailler habilement avec ceux, également victimes du dernier Mao, qui entendaient, « à la Khrouchtchev », restaurer le prestige d'un Parti communiste qui serait demeuré intact des malheurs précédents. Certes, Mao fut installé dans son mausolée mais sa « pensée » s'éteignit tout naturellement. Le système fut totalement subverti par la base, avec une privatisation radicale de l'agriculture dès 1978, un début lent mais inexorable de l'entreprise industrielle privée, l'installation d'investissements étrangers qui engageaient une stratégie économique privilégiant l'exportation, et enfin une libéralisation générale des mœurs et de la pensée, lorsque ces dernières n'affectaient pas trop directement l'espace politique. La démocratisation, qui ne fut jamais combattue sur le plan théorique, aurait dû, selon Deng, suivre une voie parallèle et prudente comme chez son ami Lee Kuan Yew, à Singapour. L'impatience bien compréhensible de ses dauphins successifs, Hu Yaobang puis Zhao Ziyang, compromit les équilibres péniblement atteints jusqu'alors et entraînèrent Tien Amen, en 1989. Mais depuis lors, le processus révolutionnaire de 1976 se poursuit en Chine, et à la vérité dans toute l'Asie, avec une patience bien propre à la culture confucéenne, qui préfère les évolutions aux révolutions tranchées.

La troisième phase révolutionnaire, qui aboutit à l'abolition de l'Union soviétique, fut sans aucun doute tout à la fois une révolution des élites et une révolution des masses, plus exactement une révolution des élites russes et une révolution populaire polonaise qui aboutira même à l'insurrection si inattendue de la Roumanie, en décembre 1989. Mais ici, le branle est donné du cœur même du système par Youri Andropov. C'est lui qui, à la tête du KGB, se convainc de l'inanité du système qu'il administre de facto, dans la défaillance physique de plus en plus marquée de Leonid Brejnev, et c'est toujours lui qui avec les moyens de la police politique ébranle profondément le vieil appareil répressif. On connaît la suite : force du mouvement populaire polonais qui finit par diffuser tout alentour, jusqu'à entraîner l'indépendance sans doute provisoire mais cruciale de l'Ukraine ; faiblesse morale et conceptuelle des élites russes qui ayant présidé à la destruction d'un système ne savent toujours pas en rebâtir un autre, doté d'une autorité effective et d'une démocratie agissante. Il n'empêche que cette troisième vague, qui a bouleversé tous les avantages acquis, tous les anciens systèmes de pensée et toutes les certitudes d'une guerre froide interminable, nous a introduits dans cette nouvelle époque et nous en a appris aussi le côté cruel et incertain. Car si la Russie, épargnée comme par miracle pendant l'ablation de son système politique, s'en tira pour une fois remarquablement bien, la Yougoslavie tant admirée de Tito plongea dans un cauchemar. Le Caucase devint une mêlée sanglante dont aucun des problèmes ethniques n'est à ce jour résolu. L'intégration bienvenue d'une grande partie de l'Europe de l'Est à l'Union européenne n'a pas encore totalement aboli tous les prurits nationalistes et autoritaires, séquelles hélas prévisibles du grand choc opératoire de 1989.

Une quatrième vague est presque passée inaperçue : c'est celle qui a affecté une Amérique latine dont on ne se préoccupe, hélas, que pour ses grands personnages, relayés par des romanciers imaginatifs : Simon Bolivar, Che Guevara, ou aujourd'hui, dans le genre ubuesque, Hugo Chavez. Pourtant, à partir de 1985, la démocratisation de l'ensemble du continent latino-américain est un phénomène d'aussi grande ampleur que les trois précédents : de futurs géants économiques de la planète, le Mexique, « à droite », et le Brésil, « à gauche », réinventent des systèmes démocratiques non seulement viables mais également performants sur le plan économique tandis que l'ensemble du cône Sud, et bientôt les Etats andins et l'Amérique centrale à leur tour, expérimentent une nouvelle démocratie qui isole peu à peu les forces de violence les plus tenaces. Bientôt, comme dans la péninsule ibérique un quart de siècle plus tôt, la souveraineté formelle du suffrage universel se traduit par des victoires en cascade de la gauche. Et, nouveau miracle, cette victoire qui conjure à jamais la tragédie chilienne de Salvador Allende, porte un nom, celui de Lula Da Silva, au Brésil. Son parti né, à l'extrême gauche, du rassemblement d'intellectuels, essentiellement trotskystes, et de syndicalistes chrétiens de gauche, évolue vers une forme de gestion raisonnable de la société brésilienne, et tendue vers le compromis démocratique. Les poussées de fièvre vénézuélienne, bolivienne, équatorienne ou paraguayenne seront de peu de poids en comparaison. Bientôt, l'échec électoral des populistes au Mexique, et le désastre militaire subi par les narco-marxistes colombiens confirment la puissance et la validité de la marée démocratique latino-américaine. Même Cuba où l'avènement de Raul Castro, qui évoque bien tardivement celui de Deng Xiaoping en

Chine, permet au pays de se préparer à une nouvelle transformation. Mais cette petite île paupérisée devra en passer pour ce faire par le démocratisme débonnaire du Brésil, de la Colombie et du Mexique.

Cinquième vague, encore moins perceptible parce que plus diffuse : la vague de démocratisation africaine. Conséquence imparable de la fin de la guerre froide, le régime sud-africain de l'apartheid était devenu insoutenable. Insoutenable pour une Amérique qui, commençant à déboucher de sa longue crise sociétale raciste, ne pouvait accorder un soutien, même discret, à des formes de discrimination qui rappelaient par trop son Sud profond, quelques années auparavant ; mais la persistance chez les ennemis de l'apartheid, dans l'ANC, d'un stalinisme prosoviétique sans faille n'était pas moins insoutenable. Or ce fut, en quelques mois, la preuve éclatante que ni Mandela bien entendu, ni De Klerk par ailleurs, n'étaient conformes à ces clichés apocalyptiques. L'Afrique du Sud permit enfin de comprendre que ces deux mouvements bien réels de rapprochement des deux communautés étaient aussi l'expression de l'adhésion contradictoire du même groupe humain en formation : l'alliance de l'empereur des Mines Harry Oppenheimer et de son fondé de pouvoir Gavin Relly, et du dernier secrétaire du Parti communiste sud-africain, Joe Slovo, tous deux juifs et symétriquement hostiles à l'extrême droite afrikaner ainsi qu'au stalinisme populiste africain, sera le symbole, discret mais indiscutable, de notre nouveau monde mondialisé. Et le plus grand communiste de cette ultime période révolutionnaire aura été, sans conteste, le plus anti-léniniste de tous, Nelson Mandela. La suite de ce printemps africain sera aussi contrastée et parfois affligeante que le mouvement parallèle qui a eu pour théâtre l'Eurasie slave : certaines plaies béantes se sont mises à saigner abondamment tout autour de ce vide vertigineux qu'avait créé, au cœur de l'Afrique centrale, dès 1961, l'assassinat de Patrice Lumumba. Le châtiment mérité de Mobutu devient instantanément celui du peuple zaïrois dans son ensemble, et, sous la forme d'un dommage collatéral monstrueux, les alliés malencontreux de la cleptocratie centre-africaine de Kinshasa qu'étaient les Hutus du Rwanda commettent le crime le plus atroce de la période, le génocide tutsi de 1995. Il n'empêche que cette vague démocratique, partie de l'extrémité méridionale du continent, n'a cessé depuis lors d'exercer ses effets positifs, aboutissant tout récemment à la victoire de la démocratie en Guinée, et surtout en Côte-d'Ivoire, à la stabilisation relative d'un improbable Nigeria en pleine croissance et à la sécession, pour l'instant pacifique, de la moitié méridionale et africaine du Soudan.

Manque ainsi à ce tableau cette « sixième partie du monde » qui s'étend de l'Atlantique aux confins de l'Inde, et qui est marquée partout par l'ascendant culturel et politique de l'islam. Là, au contraire, l'évolution semblait depuis le début des années 1980 s'accomplir en sens inverse du reste de la planète. Nulle part les forces démocratiques, pourtant assez bien représentées dans l'intelligentsia – il est vrai de plus en plus expatriée en Occident –, n'avaient fait retentir leur voix. Non que la région dans son ensemble n'ait été le témoin d'affrontements politiques décisifs, voire violents. Citons la grande guerre civile algérienne (1992-1998), les convulsions répétées de l'Afghanistan post-soviétique (de 1988 à 2001), les agressions successives de Saddam Hussein contre l'Iran (1980) puis le Koweït (1990) et, pour finir, son repli machiavélien sous la forme d'un soutien, parfois discret mais toujours efficace, au terrorisme ; et, bien sûr, après une période de rémission due au printemps gorbatchévien et à la défaite de Saddam à Koweït, la retombée de l'OLP de Yasser Arafat dans l'affrontement avec Israël à partir de l'Intifada des mosquées de l'an 2000. Certes, l'islamisme politique, né de la patiente construction des Frères musulmans égyptiens depuis la fin des années 1920 et relancé en majorité par le choc violent de la révolution iranienne de 1979, a pu connaître dans ce long processus de régression politique quelques défaites bienvenues : la courageuse résistance de Massoud en Afghanistan face aux intégristes soutenus par le Pakistan, qu'il paiera de sa vie à la veille du 11-Septembre ; la résistance tenace face à l'insurrection du FIS (Front islamique du salut, militant pour la création d'un Etat islamique en Algérie, dissous en 1992) d'un Etat algérien étayé par le front de ses militaires, de sa minorité kabyle et d'une population moderne très liée à la culture française ; la résilience démocratique d'une opinion pakistanaise, celle-là très en phase avec l'épanouissement de la démocratie en Inde, incarnée longtemps par le Parti populaire de Benazir Bhutto ; et pour finir les succès initiaux du mouvement indépendantiste et anti-syrien du Liban à partir de 2001-2002, qui enterrait la terrible guerre civile interconfessionnelle des années 1970-1980, et porta un Rafik Hariri, reconstruit dans ses convictions fondamentales, à défier le protectorat de Damas. Autant de contre-exemples qui montrent bien que l'islamisme politique n'est pas invincible, seulement dominateur, et peut-être pour moins longtemps qu'on ne l'imagine. En outre, de même que les socialistes européens ont pu présenter des visages assez différents, de même on constate aujourd'hui de telles différences régionales de tonalité chez les islamistes, que le constat de celles-ci conduit souvent à en sous-estimer la cohérence idéologique, pourtant profonde. Il est vrai que cette diversité est bel et bien à l'œuvre, de la sagacité tactique forgée par une expérience difficilement acquise dans la durée, chez les Frères musulmans égyptiens, à l'hystérie iconoclaste des Talibans afghans, en passant par les ruses parfois maladroites de leurs homologues marocains ou jordaniens. Il existe malgré tout une unité de pensée profonde de la doctrine islamiste, de même que, avec Keynes et ses émules britanniques en économie, Willy Brandt en politique étrangère (l'Ostpolitik allemande), Olof Palme en politique sociale (le socialisme suédois), François Mitterrand et Felipe Gonzales en politique tout court, on peut facilement reconstituer le socle commun qui a rendu l'idée social-démocrate longtemps hégémonique en Europe. Ici au Moyen-Orient, comme dans les doctrines fascistes de l'Europe plus ancienne, on observera que l'hégémonie islamiste s'est d'abord bâtie sur la conjonction d'idées de droite et d'idées de gauche. A gauche, en effet, la récupération sur le mode mineur des ambitions initialement soviétisantes des populistes autoritaires laïques à la Nasser : contrôle de l'économie par l'Etat, protectionnisme renforcé, notamment face à l'Occident, redistribution généralisée des rentes, mais organisée sur des bases strictement politiques, avec par exemple les célèbres « fondations » iraniennes *(bonyads)*, alimentées par l'argent du pétrole et aujourd'hui aux mains de l'aile idéologique de l'armée, les Pasdarans. A gauche aussi, mais cette fois-ci sous une forme non étatique, à laquelle un Nasser ou un Boumédiène demeuraient étrangers, l'émergence d'un Etat-providence de basse intensité, avec une médecine gratuite assurée par des bénévoles sur la base du volontariat, une sorte de reconstruction urbaine autour des mosquées de quartier, et une éducation gratuite, assurée elle aussi, en Egypte essentiellement, par des volontaires religieux. A droite, au contraire, une volonté caractérisée de régression des libertés civiles en matière de condition féminine, mais également, contrairement à la lettre de la loi islamique, en matière de respect des minorités religieuses et ethniques. Mais jamais, jusqu'à présent, le mouvement islamiste ne s'est appuyé sérieusement sur la revendication démocratique, sinon pour aveugler en Occident ceux qui le voulaient bien, ou pour fournir aux lâches, sur place, les prétextes à un ralliement peu glorieux, dont le nouveau président tunisien Moncef Marzouki est pour l'instant l'exemple le plus notoire, sinon le plus intéressant.

Les islamistes avaient su aussi apprivoiser une propagande « démocratique » de facture communiste où l'on avait appris depuis bien longtemps à dénoncer les crimes réels ou supposés de l'Occident pour faire oublier le lent étouffement des volontés populaires par les régimes en place.

Il y avait donc une partie de la planète où le mot d'ordre imbécile de nos altermondialistes « un autre monde est possible » s'appliquait parfaitement. Dans ce monde, celui du Moyen-Orient musulman, on ne traduisait en effet presque aucun livre original provenant des langues occidentales, et on ne discutait pas davantage, apparemment, d'aucune des idées en cours dans le reste du monde. Dans ce monde, sans contrainte véritable qui fût exercée par l'Etat, sauf en Iran, les jeunes préféraient s'adonner à l'étude mémorielle et mémorisée du Coran et des Hadith plutôt que de potasser des manuels d'économie. Oui, un autre monde était possible, sans presse libre, sans circulation des marchandises ou de l'information, sans compétition politique, sans respect de l'autre, des femmes en particulier, des minorités ethniques et religieuses, pour ne pas parler des homosexuels ouvertement persécutés, sans pluralisme intellectuel dans la religion majoritaire non plus (sauf en Iran, grâce à la résistance de la tradition chiite naturellement pluraliste), un monde où les dynasties héréditaires n'étaient pas encore reléguées à devenir le registre folklorique d'un monde définitivement aboli, comme en Occident, mais bel et bien un modèle à reproduire pour quelques parvenus issus des Républiques autoritaires, en Egypte, en Syrie ou peut-être même au Yémen, sans parler de l'Irak saddamiste, où les rejetons du Raïs s'étaient faits immédiatement tortionnaires de leur peuple. Un autre monde était donc possible, et c'est sans doute la raison pour laquelle nos altermondialistes acclamaient tel jour l'idéologue des Frères musulmans d'Europe Tariq Ramadan, tel autre décidaient de placer une femme musulmane portant le voile sur une de leurs listes pour les élections européennes en France. Ce monde, pourtant imbécile, plaisait… mais à l'exportation.

Un tel monde était aussi possible, à certes une exception près : la technologie moderne.

Or, voici qu'Internet, la télévision satellitaire et les nouvelles retombées de l'industrie de l'information, telles que Twitter et Facebook, viennent de faire tomber le mur de Jéricho de l'interdit de la pensée. Al Jazira, la télévision satellitaire qui émet depuis le Qatar, est, moyennant quelques astuces de procédure, le truchement préféré des Frères musulmans à l'échelle d'un quasi-continent. Au départ d'un tel projet subversif, il y a la vendetta tenace qui oppose la dynastie régnante des Thanis au Qatar à la famille royale saoudienne, à la manière de nouveaux Orléans tenacement hostiles à la branche aînée des Bourbons. Wahhabites comme le grand royaume voisin, les Qataris étaient tenus jusqu'alors pour des vassaux des Saoud. Or, voici qu'un neveu dépose assez brutalement son oncle contre l'aveu de Riyad soutenu dans son indignation par Le Caire, et tombe sous la coupe éclairée de sa très belle épouse, Cheikha Mozah, elle-même fille du chef de l'opposition nassérienne locale, et élevée pour cette raison en Egypte à la grande époque, quand son propre père y était exilé. Si vous ajoutez une rente gazière au rendement croissant qui permet de faire exactement ce qu'il veut à un potentat qui ne doit de comptes réels qu'aux autochtones de sa population, lesquels représentent aujourd'hui moins de 15 % de celle-ci, et vous aurez une politique fantasque dont le fil rouge demeure quoi qu'il arrive de faire pièce à l'hégémonie de Ryad. L'Arabie Saoudite est proaméricaine, Qatar jouera donc la carte de la France, notamment pour le choix de son armement. L'Arabie Saoudite se considère en guerre avec l'Iran des mollahs, Qatar commercera sans restriction avec eux. L'Arabie Saoudite s'efforce de contenir chez elle ses imams, tout en restreignant le droit d'expression de ses minorités (notamment chiites), le Qatar se voudra le chantre de la liberté de la presse en général et ouvrira en particulier les vannes de l'information à travers Al Jazira, qui certes a fait venir avec empressement sur son antenne quelques commentateurs israéliens naïfs, quelques journalistes arabes laïques esseulés ou quelques opposants meurtris en quête de tribune. Mais c'est pourtant le prédicateur vedette des Frères musulmans égyptiens, le cheikh Karadawi, qui fait figure de maître à penser religieux sur ses ondes ; il vient d'accomplir un retour spectaculaire au Caire, acclamé par ses nombreux partisans et il pourrait bien être tenté de prendre officiellement la tête de l'organisation internationale des Frères, à présent que la légalité de cette confrérie n'est plus en cause en Egypte.

Cette ligne islamiste d'Al Jazira et du Qatar aura permis de cibler le régime marocain, mais aussi les régimes tunisien et égyptien honnis, Israël presque tous les jours, et même la France, sans y toucher, grâce à des reportages au vitriol pendant la brève flambée des banlieues de 2005. A l'opposé, on observe la très grande circonspection vis-à-vis de l'Iran ou de la Syrie avant l'explosion du printemps 2011. Prudence géopolitique d'alors obligeait. Mais qu'importe, car devant l'ampleur du choc qui s'est produit à partir de décembre 2010, Al Jazira a tiré apparemment du bon côté, dans le sens de la démocratie naissante. Tel est le paradoxe extraordinaire que nous expérimentons tous les jours. De la même manière, sous sa forme violente, on voit que les sympathisants islamistes de Cyrénaïque, qui avaient fourni tant de volontaires libyens à Al Qaïda en Irak, pour la cause du djihad anti-chiite et anti-américain, ont aujourd'hui pris les armes contre Kadhafi, en alliance avec l'Angleterre et la France, jusqu'à représenter sur le terrain sans doute le contingent le plus significatif... et, toujours grâce au Qatar, le mieux armé.

Heurs et malheurs
de l'islamisme politique

Cette situation, qui confine parfois au comique, ne doit pourtant pas nous faire verser dans une euphorie de mauvais aloi. Dans un moment d'aubaine rhétorique, notre ministre des Affaires étrangères, Alain Juppé, a pu aller jusqu'à s'exclamer à l'adresse d'interlocuteurs islamistes encore mal définis : « Etonnez-nous et nous vous étonnerons à notre tour. » Nous n'exprimons pas ici un esprit de fermeture total à la compréhension du phénomène islamiste, entré dans sa phase ultime, pas nécessairement terminale, mais dans une mutation qui n'a rien d'anecdotique. Contre un certain nombre d'amis courageux qui défendent la thèse selon laquelle il n'y aurait pas d'islamistes modérés, l'islamisme contemporain étant tout entier un extrémisme politique et idéologique, je me place en opposition intellectuelle radicale. Il y a tout autant d'islamistes modérés qu'il y a eu des communistes modérés, notamment dans les vingt dernières années de l'Empire soviétique et pendant la refondation de la Chine de Deng (j'en étais).

Aussi bien, dans le cas du Moyen-Orient, et toutes proportions gardées, y a-t-il toutes les raisons de penser que la menace islamiste ne comporte plus aujourd'hui le même degré de violence aveugle et destructrice qu'elle impliquait encore à l'automne 1979, à l'aurore du nouveau siècle, le XVe de l'islam, lors de la chute du Chah en Iran et de la tentative contemporaine de prise d'assaut de la Kaaba à La Mecque, ou lors du déclenchement de la guerre civile algérienne en 1992, ou même de l'Intifada des mosquées de l'an 2000, que Yasser Arafat conçut délibérément pour s'arracher à ce qu'il considérait comme le piège insoluble d'une négociation permanente avec l'Etat d'Israël. Depuis lors en effet, quatre nouvelles réalités sont venues infliger des désastres partiels, mais de très grande importance, à la forme la plus virulente de l'islamisme politique, mais surtout et avant tout créer non sans mal quelques pare-feu efficaces qui nous permettent d'espérer la canalisation des nouvelles et inévitables poussées de ce courant. Enumérons tout de suite ces pare-feu, par ordre croissant d'importance.

L'Algérie d'abord

1. Tout d'abord la défaite de l'islamisme algérien pendant la terrible guerre civile qui endeuilla le pays de 1992 à 1998. La société algérienne, pourtant malade à tous égards, se révéla capable d'opposer une cohésion, appuyée certes sur la force militaire, mais aussi relayée par une addition de minorités actives : minorités qui allaient du berbérisme kabyle au féminisme moderne, en passant par les sentiments démocratiques de l'immigration en France, par l'engouement de la jeunesse pour la musique raï, par l'enracinement des confréries soufies dans l'Ouest du pays. Ces forces finirent par représenter une majorité politique anti-intégriste. Cela n'a rien de négligeable, si l'on considère la

fidélité nullement automatique d'une armée de contingent à des chefs qui exprimaient la légitimité, encore présente dans les esprits, d'une guerre de libération qu'ils avaient menée effectivement.

L'effet stabilisateur de cette défaite islamiste algérienne sur la Tunisie et le Maroc voisins fut immédiat. Au Maghreb, l'émergence d'une version plus réformiste de l'islamisme politique était devenue inévitable. Les partisans de la Mosquée au pouvoir ne rêvaient plus d'une insurrection de type afghan, et ce fut d'ailleurs l'une des erreurs majeures de Ben Ali et de son entourage que d'avoir sous-estimé à quel point les islamistes tunisiens, désormais tous en exil ou en prison, ne faisaient plus peur. Il est loin le temps où, rentré pour quelques semaines de son exil londonien, Rachid Ghannouchi, le chef des Frères musulmans tunisiens d'Ennahda, ouvrait des bureaux provisoires à Alger à l'automne 1991, dans l'espoir de répandre le djihad à Tunis en s'appuyant sur la base arrière islamiste algérienne qu'il lui croyait acquise.

Au Maroc, ni Hassan II et encore moins Mohammed VI ne commirent la même erreur que Ben Ali. Ils sautèrent sur la possibilité que leur offraient les plus modérés des islamistes, tel Ben Khirane, qui fit sa paix avec le Maghzen après que ses émirs eurent assassiné le leader de la gauche Omar Benjelloun. Ceux-ci, en fondant le Parti de la justice et du développement en début du nouveau millénaire, donnaient des signes clairs d'acceptation d'un compromis politique durable avec la monarchie et l'Etat, et isolaient ainsi, pour un certain temps, la ligne intransigeante purement salafiste et « républicaine » incarnée par cheïkh Yassine et sa fille.

Le retournement iranien

2. Au moment même où le régime algérien parvenait à faire déposer les armes à l'Armée islamique du salut (AIS), jusqu'alors bras armé de l'insurrection, un phénomène d'une ampleur comparable se déroulait en Iran. Le berceau de la révolution islamiste s'était engagé depuis la fin de sa sanglante guerre avec l'Irak en 1988 dans un lent processus

de « thermidorisation » qui avait abouti sous la présidence d'Hachemi Rafsandjani à une réduction des contrôles de guerre sur une société encore tétanisée par l'idéologie, ainsi qu'à la réémergence d'une vieille tradition iranienne, surtout chiite : le pluralisme d'écoles théologiques rivales. Exprimant des points de vue très divergents sur des questions politiques essentielles, ces écoles, domiciliées dans la nouvelle ville sainte de Qôm, préparaient de manière subreptice le retour à certaines formes de démocratie compétitive. L'élection présidentielle de 1997, qui fut disputée honnêtement en raison de la désunion totale des divers centres de pouvoir, allait créer une étonnante opportunité d'adopter la voie réformiste pour une jeunesse majoritaire et en rupture avec les codes islamistes. Ce mouvement était incarné par un ancien ministre de Khomeiny qui avait à la fois toutes les cartes en règle en matière théologique et avait pourtant connu une singulière évolution personnelle. Le nouveau président Mohammed Khatami, ceint pour la première fois de la légitimité du suffrage universel, introduisit les germes d'une « perestroïka iranienne » dont la floraison affecte aujourd'hui, plus que jamais, l'ensemble du système. Sous la forme d'une lutte incessante entre islamistes intégristes et islamistes soi-disant modérés – de moins en moins islamistes dans les faits –, il s'est ainsi instauré au cœur du foyer de naissance iranien de toute la révolution intégriste musulmane une vie politique complexe, qui évoque beaucoup les affrontements qui caractérisaient l'Union soviétique post-stalinienne, puis la Chine post-maoïste. Ce processus était déjà bien avancé lorsque l'invasion de l'Irak par les Américains en 2003 fit basculer pour de bon le corps politique iranien dans son ensemble – c'est-à-dire également certains conservateurs lucides et plus modérés que d'autres – dans le camp de la réforme. Il s'agissait de tirer la leçon simple de la convergence des intérêts stratégiques de Téhéran et de Washington sur les deux frontières traditionnellement poreuses de l'Iran, à l'est et à l'ouest : en Afghanistan, les Iraniens étaient confrontés à l'intégrisme radical d'Al Qaïda, en soutenant l'opposition tadjike, sunnite mais iranophone de Massoud et Rabbani,

jusqu'à y engager une partie de leurs services secrets ; en Irak, symétriquement,
après des tentatives de réconciliation su-
perficielle avec Saddam Hussein, l'Iran demeurait solidaire d'une majorité irakienne,
arabophone mais chiite, en insurrection lar-
vée contre le régime oppressif du Baas. Dès
lors, les islamo-démocrates de Khatami et
les islamo-réalistes de Rafsandjani, auxquels
se joignait désormais une fraction importante de l'armée idéologique des Pasdarans,
formaient un « front uni » largement majoritaire : ce dernier trouva à s'exprimer après
le raté de l'élection présidentielle de 2005, et
l'échec du retour de Rafsandjani, en 2009,
dans le triomphe électoral du candidat unitaire qu'était l'ancien premier ministre de
Khomeiny, Mir Hosseïn Moussavi. Certes,
en Iran, les forces islamistes radicales et les
conservateurs les plus prudents qui se mas-
saient autour du vieux Guide Ali Khameneï
étaient encore assez puissants pour subver-
tir en une nuit les résultats, pourtant élo-
quents, du suffrage universel, maintenir à
bout de bras le président battu Ahmadinejad, et tenter désespérément de prolonger

une forme d'affrontement artificiel avec la communauté internationale en jouant des deux armes de la provocation nucléaire et du Hezbollah libanais. Mais, après quelques années de sueurs froides induites par la direction qu'Ahmadinejad imprimait à la stratégie de Téhéran, tout indique que ce centre de gravité réformateur, qui aura été consolidé par Khatami et l'entourage de Rafsandjani pendant les années décisives 1997-2003, s'est aujourd'hui pleinement reconstitué, et même élargi.

Le chef du Mossad, Meïr Dagan, n'a jamais été réputé en Israël pour la modération de son tempérament. Pourtant, c'est lui, à peine quelques semaines après son retour à la vie civile, qui a déclaré, lors d'un colloque public, que « ceux qui prônent un bombardement préventif de l'Iran ou une guerre généralisée en raison du programme nucléaire de Téhéran sont les plus stupides de tous les hommes politiques de la planète ». Cette déclaration vaut pour une annonce d'armistice israélo-iranien, même si les brusques remontées de tension actuelles suivent pas à pas la décomposition du pouvoir central iranien en factions rivales.

Dans le même temps, le trône d'Ahmadinejad branlait très sérieusement. Absent de la présidence pendant une semaine entière au printemps 2011 pour « raisons de santé », Ahmadinejad donne tous les signes d'avoir perdu le contrôle d'une grande partie du pouvoir et notamment des dossiers économiques et stratégiques nucléaires, tandis que son propre beau-frère et homme de confiance, Esfandyar Méchaïeh, était inculpé sinon encore incarcéré. Il est vrai que le bilan des islamistes purs et durs à Téhéran n'est guère brillant : les sanctions, observées, même tout un temps initial par Russes et Chinois, finissent par se faire sentir sur une économie mal gérée et fortement inflationniste, malgré une inflexion gestionnaire positive ces derniers mois avec la suppression de nombreuses subventions publiques ; quant au programme nucléaire, tout le monde sait que Meïr Dagan est passé par là, avec le virus Stuxnet qui a paralysé son volet militaire, et même semble-t-il civil, au moins tout un temps. Mais il faut aussi compter avec les sabotages technologiques divers et les liquidations physiques d'ingénieurs nucléaires, jusqu'au cœur de Téhéran. Bref, le géant iranien a commencé à bouger, et ce mouvement interne résulte d'une décomposition lente et patiente de la révolution islamiste. Certes, il n'a pas abouti encore, et n'aboutira sans doute jamais, ni à la restauration du « baby-shah », ni à la victoire des moudjahidines du peuple, un temps au service de Saddam Hussein, ni à aucune autre solution de rupture totale avec le régime actuel. Comme dans la Révolution française que nous avons déjà évoquée, il est infiniment plus probable que certains acquis de la révolution d'Iran de 1979, qui fut aussi républicaine qu'islamiste, de même que la Révolution française de 1789 fut aussi démocratique que terroriste, finiront par aboutir à une transformation de l'intérieur du régime vers une solution peut-être d'abord bonapartiste et nationale, telle que la concevait originellement Rafsandjani, mais aussi, car nous ne sommes plus au début du XIXe siècle, démocratique et libérale, dans la tradition de Khatami. Bien avant lui,

Mossadegh, le grand réformateur socialisant foudroyé de l'après-guerre iranien, qui nationalisa tout de même le pétrole, avait déjà largement balisé les voies d'une prise d'indépendance stratégique de l'Iran fondée alors sur le développement, la laïcité et une démocratie pluraliste qui s'imposait aux élites.

L'Arabie Saoudite

3. L'Arabie Saoudite est le paradoxe le plus saisissant de cette évolution patiente de la poussée islamiste. Dans le royaume des Lieux Saints, tout était contraire à une consolidation de la modération et de la tolérance : la schizophrénie de tant de membres de la famille royale, pris entre des idéaux intégristes meurtriers transmis par leur parentèle, et les réalités cyniques d'une ploutocratie sans projet ; la place démesurée qu'occupe dans le système politique d'exclusion radicale des dissidents la forte minorité intégriste wahhabite originaire du Nedjd depuis près d'un siècle ; la destruction caricaturale de l'activité productive par la primauté mal gérée

de la rente pétrolière ; la constitution d'une masse critique de jeunes diplômés, mal formés et inemployés, dans une économie non pétrolière languissante. Bref, sans le défi radical que lui lançait Oussama Ben Laden depuis son repère afghan puis pakistanais, la monarchie des Saoud était mal partie.

Mais c'est de ces excès mêmes qu'a pu provenir une solution, même partielle, au mal saoudien. Depuis le 11 septembre 2001, une réconciliation spectaculaire s'est opérée entre l'actuel roi Abdallah Ier (nous employons le numérateur pour le distinguer de son homonyme Abdallah II, souverain hachémite de la Jordanie) et son allié stratégique américain. Jusqu'alors, tout pointait dans le sens de la catastrophe : si Abdallah était hostile à la dérive intégriste du royaume et souhaitait coopter la minorité chiite (20 % de la population) dans le fonctionnement de l'Etat, il se pensait aussi comme un nationaliste arabe modéré, favorable à une certaine laïcité, inspirée du nassérisme, et il concevait pour la Syrie de ses origines familiales, celle de la tribu des Chammar dont était issue sa mère, mais aussi celle de la famille

Assad dans son ensemble, qu'il couvrait de ses faveurs, un attachement au moins égal à celui qu'il éprouve pour les Saoud. A Langley, siège de la CIA, on préférait la faction de ses demi-frères les Soudaïri, qui subventionnaient l'intégrisme à coups de pétrodollars en Algérie, en Egypte, au Yémen... et bien sûr en Afghanistan, mais garantissaient le maintien dans son splendide isolement, de l'Arabie Saoudite. Celle-ci aurait alors renoncé définitivement à la tentation de se substituer à l'Egypte à la tête d'un camp arabe devenu certes modérément anti-américain, mais toujours vigoureusement anti-israélien. Tel semblait alors le prix exorbitant sur le plan géopolitique d'une réunification entre Riyad, Le Caire et Damas. Et Washington considérait le succès d'une telle stratégie, celle, alors, d'Abdallah, comme particulièrement dangereux, voire inacceptable.

Après le 11-Septembre, sous l'empire de la nécessité, la famille des Saoud dut faire front, et les Soudaïri, dont l'aîné, Fahd, le monarque en titre, se mourait sur les bords du lac Léman, se résignèrent à l'élévation au trône d'un Abdallah, dont le tour était venu dans la primogéniture et qui, surtout, représentait, malgré tout, un bouclier semi-laïque et réformateur du royaume, face à l'offensive d'Al Quaïda et de ses nombreux sympathisants. Or, Abdallah avait entre-temps changé son fusil d'épaule : un an après le déclenchement de l'Intifada des mosquées, il rompit avec Arafat et déclara à Jacques Chirac que l'actuelle stratégie palestinienne, en permanence concertée avec Saddam Hussein, menaçait la stabilité de l'Egypte au pire moment, qu'il renonçait par ailleurs à toute ambition politique en Syrie après la défaite de son ami Rifaat Assad. Au total, c'est une Arabie Saoudite déjà plus détendue, plus prospère aussi, réconciliée avec l'Amérique, qui fit face victorieusement à la seule tentative sérieuse d'insurrection d'Al Qaïda, en 2005. Depuis lors, Abdallah, ainsi conforté, s'est efforcé avec plus ou moins de bonheur de détendre les rapports sociaux les plus crispés à l'intérieur de son royaume, d'investir ses capitaux autant qu'il l'a pu dans le développement de l'Egypte, de la Jordanie, et du lointain Maroc, qu'il apprécie particulièrement, et surtout de tracer, en direction d'Israël, un plan de retrait des territoires palestiniens enfin acceptable pour l'Etat hébreu. Si l'on y ajoute une attitude ferme, mais toujours modérée, vis-à-vis de l'Iran, on dira qu'à travers des contraintes considérables, Abdallah, ou plutôt (n'en déplaise au politiquement correct) l'entente improbable d'Abdallah et de George W. Bush, aura permis de parer au plus pressé, de diminuer l'impact de l'islamisme politique qui aurait dû trouver en Arabie sa terre d'élection et de conforter dans tout le monde musulman, notamment en Turquie et en Egypte, ceux qui, tout en regardant toujours vers La Mecque, n'en tirent plus exactement les mêmes conséquences sur le plan strictement politique.

Le tournant décisif :
l'émergence de l'AKP en Turquie

4. Enfin, la Turquie vint. Dès les années 1930, face à la montée des périls en Europe, Mustafa Kemal Atatürk allait imposer

le choix, pour sa République laïque et jacobine, qui succédait à l'Empire ottoman, d'une stratégie européenne. A l'heure où Hitler dirigeait la puissance allemande vers la sujétion de l'Europe du Sud-Est en alliance avec l'Italie mussolinienne, Kemal, qui tout autoritaire qu'il fût était foncièrement antifasciste, traçait les voies d'une grande politique turque qui existe encore à ce jour. Celle-ci reposait sur une ferme alliance avec la France et l'Angleterre en Méditerranée, sur de bonnes relations avec l'Union soviétique, et surtout sur une réconciliation spectaculaire avec la Grèce de Venizélos, première pierre sur la voie d'une entente avec la Yougoslavie, la Roumanie et à terme la Bulgarie, qui formerait barrage aux ambitions de Hitler. Pour cela, il fallait sacrifier toute politique d'avancée au Moyen-Orient : même avec l'Iran de Reza Chah, dont la politique modernisatrice était pourtant proche du kémalisme, mais dont les aspirations géopolitiques impliquaient une trop grande hostilité envers Londres et Moscou – tout cela finira d'ailleurs très mal à Téhéran avec l'éphémère alliance nazie de

1941 qui coûtera son trône au monarque iranien. Mais il fallait que la Turquie renonçât aussi à tout lien avec une Egypte semi-libérale dont les aspirations et la culture ottomane de ses élites allaient dans la même direction, et, pire encore, il fallait s'opposer frontalement au nationalisme syrien et palestinien, dans le premier cas pour obtenir de la France la restitution de la province syrienne majoritairement turque d'Alexandrette, dans le second cas pour tenir une politique d'équilibre, très parallèle à celle de Londres, entre Juifs et Arabes en Palestine, qui correspondait par ailleurs à la sensibilité philosémite du fondateur de la Turquie moderne et de ses principaux collaborateurs.

Cette politique de la Turquie fut légèrement infléchie avec la guerre froide et une longue période de brouille avec l'Union soviétique. Elle fut aussi infléchie lorsque le protecteur américain, qui se substitua, après 1945, à une France et une Angleterre trop affaiblies, poussa le gouvernement turc déjà plus conservateur sur la voie d'une réconciliation avec l'islam ottoman classique, jugé constituer un bien meilleur barrage à la poussée communiste que le kémalisme laïque et républicain. Bien que menée par des kémalistes modérés, cette politique de réintégration de l'islam turc, qui caractérisait la démarche du Parti démocrate d'Adnan Menderes dans les années 1950, ne déboucha pourtant jamais sur une remise en cause de cette orientation stratégique européenne. Pourtant à l'opposé, la politique de Berlin, conçue dans les années 1930 par les vieux « Turkish Hands » allemands passés au service du nazisme, comportait une proposition d'hégémonie régionale turque vers l'Iran, le Moyen-Orient arabe et même le Caucase. Ce fut la grandeur de la Turquie prise dans le cyclone de la Seconde Guerre mondiale, d'avoir su refuser cette proposition allemande destructrice en 1941, ce fut le génie de l'élite turque d'après guerre d'avoir peu à peu conçu, souvent contre les préjugés nationalistes de l'administration civile et militaire, le projet d'achever le rêve kémaliste en se conjoignant à la construction de l'Europe.

Aujourd'hui, la première mutation par rapport à cette continuité, c'est la récupération par la Turquie de ses anciennes dimensions géopolitiques ottomanes et non ottomanes, refoulées consciemment par un Atatürk, qui pourtant avait combattu les Italiens en Libye en 1911 et reçu (tout comme mon défunt grand-père maternel) la Croix de fer de première classe à l'issue de la victoire germano-turque des Dardanelles, en 1915. Or, après l'effondrement progressif de l'Union soviétique, c'eût été folie de la part de la Turquie de se désintéresser du sort de ses cousins pourtant jamais intégrés à l'Empire ottoman : depuis le Caucase et l'Asie centrale turcophones abandonnés par les Russes, et à partir de 1992, en quête d'une nouvelle économie de marché qui ne pouvait que s'appuyer sur Istanbul ; de même, en direction des Balkans, où les musulmans slaves bosniaques de Sarajevo et les musulmans albanais du Kosovo étaient laissés à l'abandon par l'effondrement du titisme ; en direction du Sud-Est enfin, où, peu à peu, les préventions arabes se levaient, celle de l'Egypte de Sadate dès sa réconciliation avec Israël, celle de l'Arabie Saoudite dès qu'elle se fut tournée à la fin des années 1970 vers des entrepreneurs turcs, celle des Arabes du Nord, syriens et irakiens (que les Turcs appellent entre eux « ak Arab » c'est-à-dire les « arabes blancs »), sensibles à leur grande proximité culturelle et religieuse d'avec l'Anatolie. En l'espace de dix ans, de 1991 à 2001, c'est donc une nouvelle scène géopolitique qui s'ouvrit à l'Etat turc : il y répondit avec hésitation au départ, et de plus en plus de confiance à mesure qu'il sentait combien il était attendu.

La deuxième étape fut, à partir de 2001, l'entrée en coalescence de cette évolution externe avec l'évolution interne. Tout d'abord, dès les années 1930, à la fin de son règne, Mustafa Kemal en était venu à concevoir son pouvoir personnel comme transitoire et l'instauration d'une République parlementaire comme l'issue définitive de sa grande Révolution. Puis, après sa mort, son disciple préféré et successeur, Ismet Inönü, considéra que le choix stratégique turc du camp occidental impliquait une instauration progressive de normes compétitives en matière politique, certes encadrées par l'armée, et dont les communistes à gauche et les musulmans conservateurs à droite devaient demeurer exclus. Il en résulta tout de même, dès le début de 1950, la victoire du parti d'opposition, le Parti démocrate de Menderes, dont les dirigeants étaient certes de formation kémaliste, mais dont la base électorale était musulmane, conservatrice et fortement régionalisée en Anatolie, celle-là même que l'on retrouve à l'origine des premiers succès électoraux de l'AKP actuel.

La troisième étape de cette lente évolution sera la plus tragique : le coup d'Etat militaire de 1960, l'arrestation et la pendaison de Menderes qui demeurent à ce jour impunies, mais, dans le même temps et paradoxalement, le développement de plus en plus impétueux du pluralisme turc. Alliés initialement à la junte militaire qui se veut laïque, les communistes qui dominent le mouvement étudiant et le mouvement kurde arrachent une semi-légalité et pénètrent par « infiltration » délibérée dans le parti traditionnellement kémaliste, le Parti républicain du peuple. Ce dernier, le CHP, gauchit dès lors considérablement son identité politique. Une extrême droite militante, qui soutenait vingt ans plus tôt l'alliance avec Hitler, s'exprime à présent au grand jour, à peine assagie après la période terroriste des « Loups gris » (militants du nationalisme turc), et dispose depuis lors d'une représentation parlementaire et d'une légitimité dont s'est servie à plusieurs reprises l'aile la plus dure de l'armée. Mais, Menderes pendu, le conservatisme musulman orphelin retrouve ses marques avec les mouvements corporatistes des chambres de commerce, le vieux Bazar, et le soutien de toute la population anatolienne désorientée par la modernité en marche, qui a commencé d'affluer dans les deux capitales, principalement à Istanbul, et qui se sent comme privée de sa citoyenneté véritable. L'islamisme turc moderne était né et, sous sa forme explicite avec son fondateur Necmettin Erbakan, il ne revêt pas un visage particulièrement avenant. Son idéologie est faite de xénophobie turque, qui conduira un temps le nouveau parti à une alliance éphémère avec les Loups gris, fascistes laïques ; d'anti-occidentalisme, qui l'amène à seconder la guerre contre la Grèce à Chypre en 1974, mais dirigée par la gauche kémaliste de Bülent Ecevit ; d'anticommunisme militant, qui l'allie à « l'Etat turc profond » dans les sales guerres des années 1970 ; et d'un antisémitisme jamais démenti, qui fait de l'entente stratégique avec Israël un objet permanent de sarcasme.

Puis vint l'ultime phase de la transformation turque, aujourd'hui décisive pour l'ensemble du monde musulman, et qui porte un nom, celui de Türgüt Ozal. Cet homme, qui milita dans sa jeunesse dans les rangs islamistes et n'accomplit pas moins de quatre fois son pèlerinage à La Mecque, fut le véritable instaurateur de la Turquie contemporaine. Ce fut lui qui, à la sortie des troubles, après 1982, apprit au populisme musulman la valeur d'une modernité kémaliste, devenue pleinement démocratique, et à l'armée et aux élites turques la valeur d'une Anatolie qui ne demandait qu'à composer avec les institutions, dès lors qu'elle était respectée. Inscrivant son parti dit « de la justice » ainsi que son allié et rival le Parti démocrate mendérésien pleinement reconstitué dans sa légitimité démocratique par Souleiman Demirel, Ozal impressionna durablement par son pragmatisme toute la jeune génération islamiste, celle d'Erdögan et de Gül qui, lassée de l'incessante guérilla qui opposait leur parti à l'armée et à la magistrature laïque, commençait à trouver dans la gestion municipale des raisons de croire aux élections et au pluralisme.

Le reste de l'histoire est connu : victoires islamistes durables et modérées aux élections municipales d'Istanbul et d'Ankara, échec d'Erbakan à gouverner avec les démocrates de Tansu Çiller qui déçut bien des Turcs modernes par son opportunisme et sa corruption, bien qu'elle fût la première femme chef de gouvernement de la Turquie moderne. Et pour conclure cette phase, coalition sans lendemain de la gauche et de la droite laïques, réunies une dernière fois en 1998, dans un barrage, cette fois-ci parlementaire, à l'islamisme déjà dominant.

Entre-temps, cet islamisme avait accompli sa mue : il était pour partie issu du mouvement d'Erbakan, qui en rejettera d'ailleurs la transformation ultime, jusqu'à la fin de sa vie survenue en 2011, mais aussi, pour partie, de tous les conservateurs, à demi islamistes seulement, qui avaient infiltré en toute lucidité la droite turque d'Ozal et aspiraient depuis toujours au compromis avec l'Etat moderne. La victoire de l'AKP en 2003 fut tout à la fois celle des uns et des autres. Mais, répondant aux sollicitations raisonnables de la grande majorité du patronat et de la minorité éclairée de l'armée et de la diplomatie, l'AKP d'Erdogan et surtout de Gül, son premier ministre des Affaires étrangères et aujourd'hui le chef de l'Etat, a garanti à la nouvelle Turquie démocratique un socle commun véritable, synthèse des legs croisés d'Atatürk et d'Ozal : le maintien de l'orientation stratégique européenne à travers la candidature à Bruxelles, le respect d'une véritable cohabitation avec une armée, réduite dans ses ambitions politiques les plus directes, mais non épurée, ainsi qu'avec un patronat redimensionné mais toujours farouchement laïque, et même, un temps, le respect d'une alliance stratégique avec Israël qui s'est peu à peu élargie vers l'économie et la technologie. Le succès de l'AKP n'est donc pas un succès de l'islamisme mais d'un véritable compromis historique, d'abord dénoncé avec rage par les Frères musulmans égyptiens, et accepté, seulement aujourd'hui, par toutes les forces islamistes du monde arabe et non sans réticences et restrictions mentales dont Erdogan a pu se rendre déjà compte, lors du fiasco de sa visite à la nouvelle Egypte en voie d'islamisation à l'automne 2011.

Ce quatrième élément proprement turc d'infléchissement de l'islam politique, après les étapes algérienne, iranienne et saoudienne, est décisif. Plus personne, à Tunis, au Caire, et à Tripoli ou encore à Damas, ne pouvait raisonnablement considérer que la seule étiquette effectivement laïque, dont leurs dirigeants pouvaient se prévaloir, constituait un argument recevable pour protéger leurs trônes vacillants. Le choix turc, drastique, d'une politique étrangère à l'Ouest, exclusive de toute nostalgie de l'Orient, parfaitement logique dans les années 1930, a ainsi pu se transformer peu à peu en un renforcement dialectique de la démocratie, au-delà des frontières de l'Etat turc aujourd'hui, en indiquant la possibilité désormais concrète d'une « double ouverture » à l'Europe ainsi qu'au nouveau Moyen-Orient, sans remaniement des principes kémalistes véritables de séparation de la Mosquée et de l'Etat.

Qui ne voit, en dehors d'hommes politiques aveuglés par des considérations électorales à Berlin et à Paris, qu'une Turquie pleinement associée à la construction européenne, et occidentaliste dans ses mœurs et ses pratiques économiques, est aujourd'hui le meilleur allié de l'Europe ? Car le nouveau Moyen-Orient ne peut que se tourner vers l'Ancien Continent, dès lors qu'une Amérique en phase de repli stratégique n'aura plus pour priorité politico-militaire que d'assurer le plus longtemps possible la seule stabilité géopolitique de l'Arabie Saoudite et de ses vassaux. Ce nouveau Moyen-Orient guidé par la Turquie démocratique s'efforcera ensuite de permettre par ses liens, encore organiques, avec l'Etat hébreu la mise en œuvre du bon compromis israélo-palestinien qui peut tout de même se dessiner, une fois les épisodes malheureux actuels du sinistre feuilleton israélo-turc dépassés définitivement.

D'où la théorie du nécessaire contrepoids

Au regard de cette anatomie encourageante de l'islamisme contemporain, le lecteur est en droit de se demander quels sont donc les griefs que je peux encore formuler envers les déclarations et les intentions pacificatrices d'Alain Juppé ? Dans cette affaire, le diable demeure pourtant dans les détails. Il ne fait aucun doute que la situation politique dans l'ensemble du monde musulman, et du monde arabe en particulier, s'est améliorée du fait des deux révolutions, initialement de la liberté, de la Tunisie et de l'Egypte. Il est en effet pensable d'en attendre à terme des gouvernements issus du suffrage universel, respectant leur opposition et pratiquant une alternance à peu près réglée entre forces politiques compatibles les unes avec les autres.

Cet idéal n'existait pas avant ces révolutions et, dès lors, la participation de forces islamistes, même avec une idéologie autoritaire, ne constitue plus le même obstacle qu'autrefois, de la même manière que le spectre du fascisme a été définitivement conjuré en Europe après 1945, et que les communistes ne représentaient, dès lors, en aucun cas la même menace dans des pays comme la France ou l'Italie. Les communistes ont ainsi pu vivre dans une cohabitation, d'abord très tendue, puis de plus en plus acceptée de part et d'autre, dans ces mêmes pays, la France et l'Italie, qui étaient pourtant encore candidats à une sorte de guerre civile, ouverte ou couverte en 1947. Les expériences ne manquent pas où la démocratie, telle une perfusion d'antibiotiques, parvient à faire tomber peu à peu la fièvre et à vaincre l'infection autoritaire. Or le monde arabe vient de nous montrer qu'il n'était pas un « empire dans un empire » mais tout simplement une partie de notre monde comme les autres, animée de la même poussée démocratique que nous avons vue à l'œuvre dans presque tous les autres endroits de la planète depuis le milieu des années 1970.

Mais ici attention : il est tout simplement trop tôt, et très prématuré, de laisser croire aux Frères musulmans qu'on est désormais convaincu qu'ils ne représentent plus aucune menace pour leur société, et pour la paix du monde. Cette menace, ils l'incarnent toujours. Ils l'incarnent pour les femmes, pour les homosexuels, pour toutes les minorités religieuses, et pas seulement chrétiennes. Ils l'incarnent enfin pour tous ceux dont les idées, aussi bien en matière économique que culturelle, ne leur conviennent pas parfaitement, musulmans, laïques ou minorités nationales pourtant musulmanes comme les Berbères du Maghreb et les Kurdes du Machrek.

Un processus de chute pacifique, comme après la guerre froide en Allemagne de l'Est, est même possible à terme, avec mutation des mouvements islamistes en forces conservatrices non autoritaires sur le modèle de la social-démocratisation des partis d'Etat communistes d'Europe de l'Est en Pologne ou en Hongrie.

Néanmoins, ce mouvement se heurte, pour l'instant, à trois obstacles fondamentaux.

D'abord, les spécificités locales

Le premier obstacle, c'est, bien entendu, l'inégal développement de la région, qui rappelle, à certains égards, l'inégal développement de l'Europe de 1945. Si le paradigme européen doit ici nous servir de modèle, nous savons bien que le Yémen, divisé en tribus et en vallées inaccessibles les unes aux autres, avec un mouvement Al Qaïda qui est en pleine éruption dans le sud du pays, ne risque pas de connaître tout à fait l'évolution favorable qu'on peut pronostiquer pour la Tunisie, malgré la force actuelle de la poussée électorale intégriste. Car la Tunisie, quoi qu'il puisse advenir d'elle à court terme, bénéficie déjà de l'évolution très favorable de sa société, de l'égalité acquise par trente ans de bourguibisme, de sa proximité d'avec la culture française, ici diffuseuse de bonnes pratiques démocratiques. Mais rien ne permet, à ce stade, d'avancer l'idée selon laquelle les points les plus avancés de la région diffuseront toujours leur souffle apaisant sur le reste du même espace culturel et historique. Pour l'instant, à Tunis comme à Casablanca, c'est hélas un vent islamiste brûlant et intolérant en provenance d'Egypte qui sévit et ne rassure encore personne, chez les intellectuels, les femmes et, plus simplement encore, les individus attachés à la liberté personnelle.

La persistance d'un dynamisme islamiste

Il y a un second argument pour prendre au sérieux l'ampleur des disparités régionales. L'idéologie islamiste est loin d'être aujourd'hui en déclin, comme certains idéologues l'ont régulièrement et faussement annoncé, depuis qu'elle a commencé à exercer ses méfaits en Iran, s'étendant ensuite à l'Afghanistan puis, par l'opérateur Al Qaïda, à l'ensemble du monde musulman. L'idéologie islamiste, à distinguer de l'organisation politique des partis islamistes, est diffusée à travers le réseau de mosquées, de prédicateurs et aussi de militants, qui sont actifs un peu partout, depuis l'Indonésie jusqu'à la banlieue parisienne, en passant, bien entendu, par les principaux Etats du monde musulman. Et cette idéologie est beaucoup plus lente à évoluer que les directives stratégiques éventuellement modératrices des états-majors. Quand bien même ceux-ci (c'est déjà le cas en Egypte chez les Frères musulmans) ont l'intention de faire profil bas, avec l'objectif de constituer peu à peu une force incontournable au sein de la nouvelle société politique qui se construit, les pulsions de la base ne sont pas exactement les mêmes. Elles s'expriment d'ailleurs très clairement dans l'ampleur du vote salafiste qui aura transformé pour l'instant l'ascendant des Frères en triomphe de l'intégrisme islamique, avec l'apparition sur son flanc extrême d'une aile particulièrement intolérante celle des "salafistes", les tenants proclamés de l'islam des ancêtres. Malgré des mots d'ordre explicites de tolérance émis par la direction des Frères musulmans sur le plan national égyptien, les meurtres de chrétiens se sont poursuivis en pleine crise de la place Al Tahrir, et ils faisaient suite, comme on semble l'oublier, à l'assassinat de quarante fidèles coptes dans la cathédrale d'Alexandrie, à la Noël de 2010. Ont fait cortège à ces meurtres des violences inouïes de l'armée contre des manifestants chrétiens en novembre 2011, délibérément broyés par des véhicules blindés, causant une vingtaine de morts. D'autres massacres de chrétiens, d'autres violences de toute nature, sont donc parfaitement envisageables, quand bien même les directions politiques islamistes amorcent, assez timidement, une autre orientation. Nous avons d'ailleurs connu un tel phénomène en Italie, où le développement des Brigades rouges, dans la seconde moitié des années 1970, s'est opéré indépendamment de la ligne pacifiste et démocratique qu'imposait, sincèrement et sans double langage, la direction du Parti communiste italien, sans pour autant être comprise de bon nombre de ses adhérents et sympathisants de base, qui se félicitaient dans leur for intérieur des meurtres et autres exactions des « révolutionnaires armés ».

Affaiblissement chiite
mais radicalisation sunnite

Troisième objection : nous sommes en présence à l'intérieur du mouvement islamiste d'une fracture qui n'a cessé de s'approfondir depuis des années. Celle-ci oppose des modérés, en voie d'intégration dans un processus politique, à ceux qui portent une conception du monde marquée par le salafisme sunnite. Il y a enfin ceux, plus proches de l'Iran, qui avaient envisagé une sorte de refondation de l'islam politique, intermédiaire entre dictature franche et démocratie représentative. Entre les uns et les autres, il existe aujourd'hui une opposition idéologique croissante qui laisse entrevoir diverses issues. La mouvance chiite dans le monde arabe proprement dit est aujourd'hui probablement très influencée par le processus de libéralisation en cours en Iran comme en Irak. Dans le golfe Persique par exemple, les chiites d'Arabie Saoudite, mais aussi ceux de Bahreïn et plus encore ceux des Emirats, sont plutôt orientés vers des solutions démocratiques et libérales… L'intervention prudente de l'armée saoudienne et l'attitude encore assez responsable des autorités bahreïnies ont fait en sorte que malgré la répression du mouvement un compromis politique demeure possible dans cet archipel à majorité chiite, et il semble même en passe de s'élargir quand le roi Abdallah d'Arabie, juste avant son remplacement par le prince Nayef pour raisons de santé, est parvenu à convaincre ses associés dans la famille royale d'ouvrir davantage le processus politique saoudien aux chiites du Hasa. Une telle ouverture, de moins en moins probable à présent, représenterait en tout cas l'amorce d'une libéralisation nécessaire.

Mais, ailleurs, qui ne voit que les alaouites syriens et leurs alliés du Hezbollah libanais ne souhaitent désormais que consolider au mieux une situation politique, par ailleurs de plus en plus branlante ? Le Hezbollah libanais a maintenant garni le gouvernement libanais de Mikati aux ordres de la Syrie d'un certain nombre de ses séides mais aussi, pour cette seule raison, il commence à craindre une nouvelle subversion sunnite syrienne à partir de l'insurrection qui remet tout en cause. Dans ces conditions, on peut espérer que l'influence conjointe d'un Iran sortant de son isolement international et d'un Liban qui cherche à nouveau une formule de compromis interconfessionnel préservera la région d'un regain d'intégrisme chiite, dont à l'évidence les bases sont en train de dépérir d'elles-mêmes.

De la même manière, un certain nombre de mouvements islamistes, sunnites, qui avaient admiré quelques réalisations de l'Iran de Khomeiny, sont en train certainement de revoir leurs orientations; c'est le cas, à l'évidence, du Hamas palestinien. D'autres, en revanche, notamment lorsque le sunnisme salafiste, c'est-à-dire le sunnisme « des ancêtres » y est dominant, ont choisi depuis quelques années la voie de l'affrontement sectaire et violent. Ce fut à l'évidence le cas en Irak, où une véritable « Saint-Barthélemy des chiites » fut organisée dans tout le nord du pays ainsi qu'à Bagdad, par des sunnites, qui se sentaient orphelins de Saddam Hussein et qui n'ont pas hésité à verser le sang abondamment, voire à déposer des bombes dans des mosquées bondées de fidèles chiites, aux fins de créer un véritable climat de guerre civile entre 2004 et 2007. Battus par leur extrémisme même, ces militants sunnites irakiens n'en sont pas moins représentatifs d'une certaine forme d'intégrisme qu'on retrouve à des degrés divers dans un Soudan tétanisé par l'ablation de la partie sud du pays, dans un Yémen où l'affrontement entre sunnites et chiites revêt une importance considérable, voire en Syrie, en Jordanie ou en Palestine (notamment à Gaza), où le djihad irakien, combiné à présent à la guerre civile syrienne, a déjà provoqué des retombées importantes et négatives. Pour l'Achoura de 2012, la grande fête religieuse chiite, des gros bras sunnites du Hamas n'ont pas hésité, par exemple, à venir bastonner la poignée de quelques dizaines de chiites de Gaza, qui s'était rassemblée dans une maison particulière pour y célébrer dignement l'anniversaire du martyre de l'Imam Ali. Les mêmes, quelques mois plus tôt, n'avaient d'yeux que pour l'Iran et le Hezbollah libanais ! Enfin, de telles tendances sont toujours présentes, on le rappelle, au Maghreb, même si elles sont aujourd'hui en régression. Bref, si le noyau sunnite intégriste qui rêve d'en découdre a diminué en importance, il est néanmoins encore capable de se manifester et d'entraîner avec lui des masses hésitantes. L'Irak et la Syrie actuels sont leur champ de manoeuvre privilégié.

Quatrième argument, et sans doute le plus fort, le débat ne fait que commencer dans la mouvance principale du mouvement islamiste, les Frères musulmans égyptiens, dont on rappellera ici qu'ils ont été les véritables fondateurs de tout ce courant historique dès 1928, dans ce qui était alors une Egypte libérale en voie d'indépendance, celle dominée par le grand parti semi-démocratique et laïque du Wafd. Les Frères musulmans, en effet, ont connu diverses périodes dans leur histoire. Alliés à des forces nationalistes égyptiennes hostiles à la Grande-Bretagne et à la France, ils sympathisent activement avec l'Allemagne nazie pendant la guerre et en empruntent certaines doctrines autoritaires. C'est ainsi qu'ils organisent l'assassinat du Premier ministre Maher pour protester contre l'entrée en guerre, pourtant purement formelle, de l'Egypte en 1945, dont la seule fin véritable était que celle-ci fût représentée à la conférence de fondation des Nations unies à San Francisco. Ce premier meurtre politique sera suivi d'un certain nombre d'autres, et l'arrivée au pouvoir des officiers libres de Nasser en 1952-1954, parmi lesquels les Frères musulmans comptent de nombreux sympathisants, ne mettra nullement fin à leurs pulsions violentes. Poussés par l'Arabie Saoudite voisine qui craint pour sa stabilité, les Frères musulmans, peut-être trop confiants dans leur force, déjà importante, ne craignent pas de défier Nasser et sont vaincus par une répression souvent impitoyable dans les années 1960. Leur principal doctrinaire, Sayed Qotb, pendu en 1966 juste avant la fin du régime nassérien, demeure pour l'ensemble des forces islamistes les plus radicales un véritable prophète d'une guerre sainte à venir. Chez Qotb en effet apparaît clairement la doctrine de l'« ennemi de l'intérieur » : dans le djihad que tout bon musulman doit mener contre les ennemis de la Foi, il faut donner la priorité au combat contre les « hypocrites » *(mounafegh)* et les musulmans dissidents qui, par leurs activités, conscientes ou non, empêchent en réalité l'islam de se manifester dans toute sa gloire. Ainsi, il devient licite d'éliminer physiquement, de combattre par les armes, d'opprimer volontairement si nécessaire, tous les courants à l'intérieur de la société musulmane qui sont hostiles à l'« islam véritable », qu'ils soient laïques, d'inspiration communiste ou libérale occidentaliste, qu'ils soient musulmans sur le plan religieux même, pour peu qu'ils flirtent avec des doctrines illicites. Cette position radicale de Qotb ne fera jamais l'unanimité, notamment dans la vieille génération des dirigeants de la confrérie. En même temps, son influence demeure considérable et tout le monde sait qu'Ayman Zawahiri, d'abord en Egypte, puis ensuite à la codirection d'Al Qaïda aux côtés d'Oussama Ben Laden, avait fait entièrement siennes les préconisations de ce martyr.

Or, aujourd'hui, c'est parfaitement exact, les Frères musulmans sont divisés comme ils ne l'ont jamais été dans leur histoire.

Les uns défendent l'idée de la *takya*, c'est-à-dire de la simple ruse : il serait nécessaire de travestir le programme d'action du parti de manière à conquérir rapidement dans la société les postes d'influence décisifs et à commencer à la changer, sans pour autant contester aux militaires la place qu'ils doivent exercer dans une Egypte qui a besoin d'autorité. Il convient donc de ne pas renouveler l'erreur des dirigeants de la confrérie face à

Nasser à la fin des années 1950. Les autres, surtout dans la jeune génération, vont plus loin. Pour eux en effet l'heure de l'affrontement entre islamistes et musulmans tièdes ainsi qu'avec les chrétiens est terminée. La société égyptienne leur semble aujourd'hui suffisamment réislamisée dans ses comportements fondamentaux pour tolérer une dose plus importante de pluralisme politique et religieux. Un certain nombre des responsables des Frères musulmans égyptiens sont donc sincères lorsqu'ils promettent aux coptes une certaine protection dans un Etat qu'ils domineraient, ou lorsqu'ils déclarent aux étudiants qu'ils ne s'en prendront pas aux libertés fondamentales, ni qu'ils chercheront à fermer complètement l'Egypte aux influences étrangères. Tous, en tout cas, acceptent pour l'instant les élections libres, et on sait que celles-ci finissent par influencer tous ceux qui y participent. Nombreux sont les dirigeants communistes qui rêvaient d'une nouvelle insurrection en 1946, à Paris comme à Milan, et qui, vingt ans plus tard, étaient devenus des parlementaires chevronnés et des partisans à tout crin du processus électoral. Une telle évolution n'est pas incompatible avec l'état actuel des Frères musulmans. Elle est seulement très difficile à concevoir dans l'état de misère économique et de fluidité géopolitique où se trouve en fait l'Egypte, depuis la chute du régime de Moubarak.

Une fois énumérés tous ces facteurs de complexité, un point central demeure évident. L'évolution politique de l'islamisme comporte une dimension interne, mais elle dépend avant tout de l'existence d'un contrepoids dans la vie politique et dans la société. Ce contrepoids existe à divers degrés dans les sociétés musulmanes, mais pas nécessairement encore suffisamment pour mettre totalement à l'abri les démocraties naissantes des mains plus ou moins brutales qui cherchent aujourd'hui à en arracher la direction. Dans ces conditions, la stratégie des pays occidentaux doit être d'encourager l'expérience démocratique sous toutes ses formes, de renoncer à la *realpolitik* qui faisait des dictatures plus ou moins éclairées, plus ou moins honnêtes, la seule solution pour empêcher l'islamisation des sociétés. Néanmoins cette rectification, que j'approuve entièrement, doit s'accompagner de la volonté tenace et permanente d'organiser ou d'aider partout les forces laïques à tenir bon, les femmes à résister, les minorités religieuses à exiger le respect de leur liberté de conscience, les minorités politiques à être représentées adéquatement au parlement, et même dans la presse. Ce n'est donc pas en encourageant ou en flattant les islamistes qu'on peut précipiter l'évolution la plus favorable possible des Frères musulmans égyptiens, c'est au contraire en leur tenant un discours sans concessions à l'égard de leur idéologie, mais respectueux à l'égard de leur présence politique, que l'on parviendra, avec un degré de finesse et de nuances, qu'il faudra petit à petit atteindre, à répondre à ce défi de longue haleine.

La finalité devrait être l'accrochage définitif de l'ensemble du Moyen-Orient à la mondialisation généralisée, et le triomphe progressif en son sein des régions géopolitiques les plus aptes à la transformation, c'est-à-dire de plus en plus capables d'intégrer de grandes mutations démocratiques irréversibles, à l'instar du Brésil en Amérique du Sud. Comment y parviendra-t-on ? Nul ne le sait encore. Ou plus exactement, ce que l'on sait, c'est que les chemins seront divergents. Il n'y aura pas, à la différence du Printemps arabe, qui fut un processus unique, engagé paradoxalement par l'explosion des technologies nouvelles de l'information, de solution unique à la démocratie au Moyen-Orient. Il y aura sans aucun doute, et nous le voyons déjà, une évolution pacifique qui, déjà prometteuse au Maroc, pourrait s'étendre ensuite à l'Algérie. Il y aura des processus électoraux importants, sans aucun doute transparents, en Tunisie, beaucoup moins en Egypte. Il y a déjà eu des luttes sanglantes auxquelles un terme a pu être trouvé en Libye, mais bien plus difficilement en Syrie. Il y aura peut-être de nouvelles secousses au Soudan, au Yémen, en Afghanistan qui y étendront les tendances anarchiques endogènes. Il y aura enfin peut-être un triomphe attendu et, quand bien même inespéré, des idées de liberté politique en Iran. On peut ainsi raisonnablement espérer que la Turquie maintiendra le cap qu'elle suit actuellement, celui d'une démocratie exemplaire.

Si l'on effectue la somme de ces différents mouvements ondulatoires, on arrive à un résultat global, mais beaucoup trop global pour avancer une prédiction exacte, non seulement de la vie quotidienne de chacun des habitants des Etats considérés, mais surtout du déroulement, dans les trois prochaines années, d'une crise qui ne fait à l'évidence que commencer. Pour arriver à y voir un peu plus clair, il nous faut donc entrer dans le détail plus fin de l'organisation régionale. Nous ne le ferons pas avec un souci d'érudition ou d'exhaustivité qui ne correspond pas aux dimensions, modestes, de ce présent essai. Mais nous essaierons immédiatement de faire ressortir la spécificité de trois des scènes fondamentales où se joue la révolution actuelle : la Syrie, le Maroc, et l'Egypte, trois grands Etats, où se livre l'essentiel, probablement, de la phase ultime de cette révolution arabe de 2011 qui nous a rapprochés si singulièrement d'une région qui nous semblait jusqu'alors si différente de la nôtre.

Des révolutions arabes

Car, si l'on veut considérer les effets durables de l'actuelle révolution arabe déclenchée au début de 2011, on se trouve immédiatement contraint de pratiquer une analyse différentielle de chacune des grandes régions qui en est affectée. Et même, il devient possible de déterminer une limite supérieure positive, où tout se passe pour le mieux, et une limite inférieure négative, où les effets destructeurs l'emportent absolument. La plus grande incertitude se retrouvera évidemment au sein des valeurs moyennes où facteurs de développement et facteurs de régression tendent, pour l'instant, à s'équilibrer.

Avançons tout de suite nos hypothèses en ce domaine : la limite positive, nous la trouvons, me semble-t-il, au Maghreb, et principalement au Maroc. Pour le monde arabe, au sens strict du terme, la limite négative concerne cette zone syro-irakienne qu'un archéologue américain, James Breasted, avait baptisée « Croissant fertile » dans les années 1920, parce que cette région du monde avait été, au début du néolithique, le berceau de l'agriculture et, avec celle-ci, de toute notre civilisation. Les valeurs moyennes, pleines d'incertitude, nous les rencontrons évidemment en Arabie Saoudite et en Egypte. C'est ce panorama très large et partiellement simplificateur que nous allons essayer, au pas de course, de spécifier ici quelque peu.

« *Le Croissant fertile* »

Cet arc de civilisation qui relie la côte libanaise au golfe Persique, à Bassorah, porte en lui les contradictions insurmontables que lui impose encore le mouvement panarabe Baas, qui fit prévaloir ses logiques dès les années 1950, à Damas puis à Bagdad. Certes, le panarabisme baasiste semble ne faire référence qu'à lui-même, comme toutes les doctrines nationalistes exclusives. De même que le philosophe allemand Fichte entendait, selon ses propres dires, « ne parler et n'écrire que pour des Allemands », Michel Aflak, le doctrinaire et fondateur, chrétien syrien orthodoxe, du parti Baas en 1939, prétendait, lui, n'écrire et ne s'adresser qu'à des Arabes. En réalité, le Baas est le produit d'une synthèse complexe qui navigue entre deux fascinations, l'une explicite pour les fascismes européens, alors à leur apogée, et l'autre, implicite, et même inavouable, pour les grands modernisateurs laïques de la Turquie kémaliste, s'agissant des Syriens, et de l'Iran modernisateur de Reza Chah, s'agissant des Irakiens. Le Baas se donnera donc pour but de réunir en un seul Etat tous les Arabes, mais d'abord ceux de Damas, de Beyrouth et de Bagdad soumis aux impérialismes déclinants de la France et de l'Angleterre. De là le choix d'un parti totalitaire qui contrôlera toute la société au nom d'une idéologie de puissance. Mais, par rivalité avec la Turquie, qui vient d'obtenir de la France en 1939 la cession de la province d'Alexandrette, jusqu'alors syrienne, le Baas se voudra, tout autant que Kemal, laïque, et hostile à toutes les formes de communautarisme. Et, par hostilité symétrique à l'emprise qu'exerce toujours le grand voisin iranien sur la majorité chiite des Irakiens, le Baas, à Bagdad, défendra une République non confessionnelle, unissant sunnites du Nord et chiites du Sud dans une même communauté nationale fondée sur la langue et l'identité ethnique, donc arabe et purement arabe, au détriment des minorités kurde ou turkmène.

Il y avait ainsi au départ du Baas un mixte explosif de progressisme modernisateur et de faux modernisme dictatorial, qui demeurera toujours en sympathie avec le fascisme européen, mais fera mine d'accueillir, à partir de la fin des années 1950, une certaine dose de compréhension pour un communisme soviétique ayant enfin rompu avec ses vieilles amitiés juives et kurdes. Il va de soi qu'une telle idéologie souffrait, dès le départ, de contradictions essentielles. Et, tout d'abord, d'un provincialisme hautain qui entendait dépasser l'influence, pourtant déterminante, de l'Egypte de Nasser. Or, malgré des protestations d'unité fraternelle, les deux branches syrienne et irakienne du Baas ne parvinrent jamais à s'entendre réellement, malgré une ultime tentative de réunification en 1979, en partie sous le choc, brièvement euphorisant, de la révolution iranienne. En réalité, les baasistes ne demeurèrent jamais unis que sur deux points : le rejet de l'hégémonie nassérienne et l'hostilité viscérale à l'existence d'Israël ; pour le reste, le rapport au communisme local, irakien, ce dernier puissant, ou syrien, celui-là beaucoup plus faible, ainsi qu'à l'Union soviétique elle-même, l'ambiguïté devint bien vite de rigueur. S'agissant de l'Irak, le Baas dut s'affronter à un parti communiste très organisé et allié à la modernité kurde. Il choisit donc la voie de la répression pure et simple, sans pour autant renoncer de temps à autre à une forme d'alliance perverse avec Moscou. En Syrie, au contraire, le parti communiste, intellectuellement performant mais faible en effectifs, fut peu à peu placé sous la coupe du régime, sans pour autant demeurer indemne de toute forme de répression.

Au-delà des différences spécifiques, un mouvement, fascinant par le renversement apparent qu'il implique, eut lieu dans les deux pays. Officiellement, depuis l'instauration de la révolution panarabe du Baas, il n'y avait plus, selon le mot de saint Paul appliqué à notre temps, de sunnites, de chiites ou de chrétiens, mais seulement des Arabes, jouissant d'une même identité révolutionnaire. Cette doctrine avait tout pour séduire les minorités qui avaient craint jusqu'alors la domination des majorités religieuses, sunnites en Syrie, chiites en Irak. On ne sera donc pas étonné de constater la présence de nombreux chrétiens dans les instances dirigeantes du parti mais rapidement placés dans des positions quelque peu subalternes, tel le dernier grand vizir de Saddam Hussein, le chrétien chaldéen (catholique) Tarik Aziz. De la même manière, on peut comprendre que les alaouites, chiites dissidents en Syrie, ou les sunnites arabes, qui ne représentaient que 30 % de la population de l'Irak, aient particulièrement apprécié un nouveau régime qui les dispensait, à la différence du Liban voisin, de se compter en tant que minorités. Ce premier phénomène est venu se combiner avec l'emprise de plus en plus étouffante des forces armées, issues elles-mêmes très largement des colonisations, française et britannique. Or, en Syrie, la France avait délibérément fait affluer de nombreuses recrues de la minorité alaouite (une secte chiite syncrétique, comprenant de nombreux éléments doctrinaux chrétiens) dans la nouvelle armée qu'elle constituait, car les alaouites, mal vus du pouvoir ottoman avant 1918, n'avaient jusqu'alors pas eu accès au métier des armes. L'Angleterre, elle, avait récupéré les cadres sunnites, issus de la vieille armée turque, puis retournés contre Istanbul, pour former le noyau d'une armée irakienne essentiellement méfiante à l'égard de l'Iran à l'extérieur, et de la population chiite à l'intérieur du pays. A partir du milieu des années 1960, la bureaucratie civile baasiste cède peu à peu la place aux cadres militaires du régime, en raison du climat belliqueux permanent créé notamment par le rejet inconditionnel d'Israël. L'engrenage fatal est désormais engagé : le régime irakien, qui se voulait laïque, devient dès le début des années 1970, à travers une armée presque entièrement commandée par des officiers sunnites, l'instrument de domination de la minorité sunnite sur la majorité chiite, peu à peu exclue des organes dirigeants et du parti unique, après la cooptation au pouvoir du chef des services secrets du parti, le bédouin sunnite Saddam Hussein. En Syrie, où l'évolution est toujours plus modérée, l'armée, presque entièrement dirigée par des alaouites, retire le pouvoir à l'aile civile gauchiste (et sunnite) du docteur Atassi, acculée à la faillite en 1970. Dans les deux pays, la suprématie de militaires ultranationalistes et sectaires, alliés à une petite-bourgeoisie avide et bureaucratisée, courtisant l'Union soviétique pendant toute la guerre froide, entraîne une décadence profonde de toute la région. Les victimes collatérales de cette catastrophe programmée sont le Liban, dont la guerre civile est sans cesse nourrie par la Syrie voisine, et les divers mouvements palestiniens, sans cesse instrumentalisés dans leur extrémisme aveugle par les deux régimes de Damas et de Bagdad, parfois en concurrence, parfois en convergence. A l'horizon, quelques véritables catastrophes militaires, celle de la Syrie face à Israël en 1967, et à nouveau en 1982 au Liban, celle de l'Irak face à l'Iran entre 1980 et 1988. Au passage, les forces intellectuelles modernes, écrivains, architectes, ingénieurs et médecins sont littéralement avalées ou rejetées vers l'exil. Malgré la haine qui sépare les frères désormais ennemis de Damas et de Bagdad, et qui conduit Saddam Hussein à aider les chrétiens contre la Syrie au Liban dans les années 1980, et Hafez Assad à demeurer symétriquement l'allié de l'Iran islamiste pendant toute la guerre du Golfe des mêmes années 1980, les deux régimes n'en demeurent pas moins solidaires, ne serait-ce que par l'exercice commun de leurs principes pervertis, de leurs illusions autarciques et de leur antisémitisme radical. Face à cette lente faillite autoprogrammée, ayant le sentiment qu'il n'y avait pas grand-chose à perdre, les masses populaires se sont ainsi tournées peu à peu vers un sentiment religieux, mais qui ne débouche pas nécessairement sur l'islamisme le plus radical, le plus caricatural, cet islamisme intégriste et intolérant, les deux régimes prétendaient encore vouloir le combattre à la veille de leur faillite, et ceci leur assurait une complaisance certaine, un peu partout dans le monde, et notamment en France.

Néanmoins, maintenant que le spectre de la réaction baasiste s'estompe, le paysage qui se dessine n'est pas entièrement rassurant. Le châtiment de Dieu se déploie en effet avec une certaine dose d'ironie : ce n'est pas le petit Liban qui disparaît, ce sont l'Irak et la Syrie qui sont devenus, en l'espace de quelques années, la même marqueterie complexe de communautés refermées, chacune pour son propre compte, sur des identités isolationnistes. Plutôt qu'un grand Croissant fertile dictatorial, nous découvrons donc aujourd'hui une géographie complexe de cantons plus ou moins autonomes qui, comme dans une géométrie fractale, projettent la même complexité, déjà bien observable dans les campagnes et les montagnes, sur le semis de quartiers désormais en passe d'autonomie, à leur tour dans les grandes villes, Beyrouth, Alep, Damas, Mossoul et Bagdad.

Qu'on me permette ici un témoignage personnel. Alors que nous nous trouvions avec mon ami franco-libanais Amin Maalouf dans le calme alpestre du festival de Salzbourg, j'avais écouté, bouche bée, la description prophétique qu'il me faisait des conditions de possibilité d'une démocratie réelle au Proche-Orient. Homme de gauche passionné et attentif à tous les développements progressistes, chrétien grécocatholique favorable à l'entente avec l'islam, Amin, sans aucunement se renier, était arrivé à la conclusion selon laquelle la liberté politique ne pouvait émerger dans sa région que d'une pleine reconnaissance, sans arrière-pensées jacobines, de la légitimité de chaque communauté. A l'idéologie meurtrière des baasistes, ou de leurs émules libanais, mal dissimulés, il opposait une sorte d'utopie helvétique, où un Etat confédéral émergerait peu à peu de l'entente de véritables cités-Etats autonomes qui auraient ainsi renoué, au moins à moyenne échéance, avec la démocratie municipale. Pourquoi, après tout, n'y aurait-il pas une sorte d'entente où les sunnites, minoritaires en Irak et au Liban et majoritaires en Syrie, s'entendraient avec les chiites majoritaires en Irak et presque au Liban, alliés à leurs proches cousins de Syrie ? Les Druzes du Liban et de Syrie, si proches de leurs frères sionistes en Israël, marqueront une forte identité ouverte, les minorités chrétiennes, encore solides au Liban, relativement importantes en Syrie et terriblement affaiblies à présent en Irak, se regrouperaient, elles aussi sans avoir à dénier leur proximité culturelle d'avec l'Europe chrétienne... Cette vision d'Amin Maalouf m'avait entièrement convaincu pour l'avenir. Elle demeurerait profondément compatible avec la constitution d'un ensemble politico-économique Israël-Palestine-Jordanie, désormais soudé par des compromis viables pour toutes les parties en présence.

Si cette perspective me semble bien devoir être celle de l'avenir, tout indique que le « happy end » est encore loin d'être en vue, au regard de la violence syrienne ainsi que des profondes méfiances nées de la guerre civile irakienne qui suivit l'instauration à Bagdad d'une sorte de dictature chiite et confessionnelle, sous la protection paradoxale des baïonnettes américaines. Ce n'est pas qu'on ne trouve dans les trois pays, Irak, Syrie et Liban, de remarquables individualités politiques, pleines de bon sens et parfois d'esprit visionnaire, tels le chrétien syrien Michel Kilo, le chiite libéral iranien Iyad Alaoui ou le successeur de son père à la tête des sunnites libanais, Saad Hariri.

Mais, il n'existe aucune formule satisfaisante, malgré les mérites de ces grandes individualités, ni pour faire cesser immédiatement l'affrontement en Syrie, ni pour réduire radicalement le fossé religieux en Irak, ni pour faire converger les différentes communautés associées dans une grande coalition multiconfessionnelle au Liban. Avant la recomposition, nous assisterons donc inévitablement à la décomposition. La sécession de facto du réduit kurde d'Irak, devenu entre-temps une sorte de quasi-Etat, qui étend à présent son influence sur la région kurde de Syrie, le repli défensif de la communauté alaouite sur sa montagne méditerranéenne pour mieux tenir face à la majorité sunnite des plaines, ne sont que les retombées locales inévitables, et malheureusement durables, de l'aberration baasiste, au même titre que les erreurs accumulées des communismes soviétique et yougoslave nous donnent aujourd'hui le spectacle, toujours aussi lamentable, d'une Bosnie, d'une Slovaquie, d'une Biélorussie ou d'une Ukraine indépendantes.

Malheureusement, la perfusion de démocratie européenne et de développement économique ne pourra s'opérer aussi facilement qu'en Europe de l'Est sur le corps meurtri et morcelé de l'ensemble des Arabes du Nord. Et de fait, ultime symptôme de la décomposition définitive de l'idéologie baasiste, c'est du dehors turc, iranien et même saoudien que le salut peut venir, pour une association de peuples dont l'identité, complexe, ne pouvait être résumée dans une affirmation volontariste et romantique d'arabisme nationaliste exclusif. La symbiose entre le chiisme irakien et le peuple iranien est d'ores et déjà impressionnante, quand bien même la communauté chiite irakienne à Bagdad demeure majoritairement critique des restes de la théocratie de Khomeiny. De même, des traces profondes de culture turque, tournée vers le kémalisme, apparaissent aussi bien à Alep et dans toute la Syrie du Nord, que chez les sunnites modérés, au Liban comme en Irak ; pour ne pas parler de la symbiose économique actuelle entre les Kurdes d'Irak et le gouvernement turc d'Ankara, qui a su habilement dissocier pour l'instant répression du terrorisme kurde du PKK chez lui, et coopération avec l'autonomisme kurde en Irak. Les Saoudiens, constamment méprisés pour leur identité bédouine, n'en sont pas moins requis par leur disponibilité financière.

Cet essai ne vise évidemment pas à répandre le venin de la pensée apocalyptique, toujours profondément immorale dans son alarmisme. Néanmoins, il est hors de doute que la partie nord du monde arabe, autrefois araméenne, traverse un moment exceptionnellement délicat de son histoire. Cette région demeure toujours à la recherche de son véritable centre de gravité. Certes, on discerne les trois piliers de l'avenir régional à Ankara, à Téhéran et à Jérusalem, pour peu que l'Etat d'Israël parvienne à se dépêtrer par le haut de son conflit quasi séculaire avec les Palestiniens. Mais on peut, dès lors, se poser la question de l'arabité future d'une région dont l'identité demeurera durablement liée à ses trois grands voisins non arabes, Turquie, Iran et Israël, et qui ne laisse pas de manifester sa méfiance à l'égard de la grande confédération bédouine du sud que devient le Conseil de coopération du Golfe (CCG), étendu aujourd'hui à la fragile Jordanie et demain peut-être à une Palestine de compromis, née d'un accord avec Israël. C'est en tout cas, aujourd'hui, dans la fumée des tirs à bout portant de Syrie, et la paralysie de la nouvelle démocratie électorale d'Irak, la fin peu glorieuse d'un Baas qui avait perdu sa raison d'être dès la fin des années 1970, son appui principal avec Saddam Hussein en 2003, et sa citadelle résiduelle en Syrie avec le Printemps arabe de 2011.

Le cercle vertueux maghrébin

La limite supérieure, nous la trouvons, une fois de plus, au Maghreb. Malgré l'extrême violence du conflit algérien avec la France de 1954 à 1962, le processus d'émancipation de la partie ouest du monde arabe était déjà, au milieu du XXe siècle, porteuse de valeurs bien supérieures par leur dynamisme intrinsèque à celles d'un Machrek, pourtant plus subtil et plus ouvert en apparence aux solutions pluralistes ou parlementaires. Au Maghreb, l'idéologie de l'indépendance doit beaucoup moins aux influences fascistes, en raison du caractère complexe qu'y revêtait la domination française. Celle-ci, en effet, était rejetée sous sa forme colonisatrice, désormais inacceptable, mais elle demeurait dans le même temps une référence politique et morale pour ceux-là même qui la combattaient avec le plus de vigueur, en raison de son éthique républicaine, démocratique et laïque. Et comme dans une comédie inattendue mais profonde dans sa signification, chacun des trois Etats du Maghreb semblait bien avoir fait sienne l'une des facettes du système politico-idéologique de la métropole, en la faisant jouer au profit d'une dignité politique retrouvée.

C'est ainsi que le Maroc, forgé dans le compromis entre le conservatisme social et monarchique de Lyautey et le prestige intact de la dynastie alaouite incarnée par

Mohammed V, s'est retrouvé dans l'ambition qui fut celle du christianisme social de la Belle Epoque en France, celle d'une union de la Tradition monarchique et du libéralisme politique. C'est ainsi que la Tunisie, adonnée aux maximes jumelles de la paix civile et du commerce, ainsi que de l'Education nationale laïque et mixte pour toute sa jeunesse, retrouvait tout naturellement, à l'apogée de Bourguiba, avec une pointe d'autoritarisme d'inspiration kémaliste, les grandes harmonies créatrices de la Troisième République radical-socialiste. Le général de Gaulle ne s'y trompait pas, qui avait cru discerner dans le père de l'indépendance tunisienne, lorsqu'il le rencontra, la personnalité d'une sorte de « maire de Marseille ». Et d'ailleurs, sans accepter le pluralisme complet et la démocratie parlementaire (Gaston Deferre en son temps non plus, du reste), Bourguiba ne persécuta jamais ses opposants communistes, conserva ses sympathies pour la gauche démocratique française – il existe encore des avenues Pierre-Mendès-France et Alain-Savary à Tunis – et décida, en définitive, de ménager une sorte de niche social-démocrate d'avenir pour le grand syndicat UGTT dont il avait fait l'un des piliers majeurs du régime et qui représente, à ce jour, la véritable épine dorsale de la démocratie tunisienne, à l'issue de la révolution pacifique de janvier 2011. Les inévitables désillusions que sèmera sur son passage l'actuel pouvoir islamiste d'Ennahda ne pourront donc que renforcer l'importance de ce mouvement syndical et de son expansion actuelle. Déjà, avec Habib Hachour, son chef charismatique d'alors, la même UGTT avait, par sa révolte, joué un rôle essentiel dans la fin mélodramatique, au début des années 1980, du règne du père fondateur Bourguiba et dans l'instauration, avec Ben Ali, d'un régime initialement prometteur en matière de laïcité, de développement économique et même un temps de libertés. On retrouve d'ailleurs cette puissance relative de l'UGTT avec le succès relatif dans le camp laïque du mouvement « travailliste » Ettakatol parvenu en tête des trois formations non islamistes aux élections de la Constituante de novembre 2011, et associé, non sans malaise, au gouvernement à dominante islamiste depuis lors.

Quant à l'Algérie, le plus grand des trois Etats, il s'est pris d'enthousiasme, dès les années 1920, pour la plus petite des trois grandes composantes de l'âme politique de la France, le communisme révolutionnaire et jacobin. Certes, dès la fondation du mouvement national dans l'émigration en France, le père fondateur, Messali Hadj, rompit assez vite avec la tutelle du PCF et de Moscou. Certes, bien des cadres du mouvement qui lui demeureraient fidèles furent tentés par une forme d'alliance américaine, jusqu'au milieu de la guerre d'Algérie ; mais en définitive la formation intellectuelle du FLN, les aspirations de ses meilleurs cadres, les idées stratégiques les plus controversées en économie et les plus justes en matière de société civile, proviennent en droite ligne d'un marxisme adapté au paysage algérien, dont le président Boudiaf, au cœur de la guerre civile des années 1990, sera le martyr de la liberté laïque mais aussi de ses propres erreurs de jugement, et demeure la plus poignante, la plus symbolique et la plus sympathique des figures de ce mouvement communiste caractéristique de l'Algérie moderne.

Mais, qu'elle soit religieuse et sociale-libérale, ou radicale-socialiste et laïque, ou encore communisante, mais toujours orientée vers la liberté politique, l'émancipation maghrébine s'est finalement trouvée, malgré maints errements, du bon côté de l'Histoire. Aujourd'hui, les Algériens, les Marocains et les Tunisiens retrouvent une fierté, même blessée, à rappeler, sans gêne enfin, l'héroïsme de leurs combattants dans la libération de la France entre 1943 et 1945. Il n'appartient qu'à la France, le général de Gaulle malheureusement en tête, d'avoir refusé de manière honteuse la liberté politique que l'héroïsme des combattants de tout le Maghreb aurait dû amener comme une conséquence naturelle. Il en est résulté beaucoup de temps perdu, mais à la fin, la réalité de la symbiose franco-maghrébine demeure vivace et, tout à fait comparable en ce domaine à l'Inde de ses élites anglophones, l'Afrique du Nord arabo-berbère est, à ce jour, la seule grande zone de bilinguisme véritable de la planète. Le français n'y a que peu régressé malgré les mouvements ponctuels d'arabisation de l'enseignement en Algérie puis au Maroc. L'immigration de masse commencée à la fin des années 1960 a renforcé cette symbiose, en la rendant moins inégale aux yeux de Maghrébins pour lesquels la France demeure, quoi qu'il en soit, une référence infiniment préférable à l'islamisme saoudien. Le surmoi du Maghreb est donc constitué d'idéaux politiques qui sont aujourd'hui réalisés dans l'Union européenne. Il n'y a donc aucune surprise à ce que le Printemps arabe se soit déclenché à partir d'un pays qui compte parmi les plus petits de toute la région, la Tunisie, mais qui est demeuré, envers et contre tout, particulièrement fidèle à ce que la France a pu lui donner de meilleur, la laïcité, l'égalité des hommes et des femmes, la priorité à l'éducation, l'économie de marché et le rejet de l'intégrisme. Quels que soient les succès ponctuels prévisibles d'un mouvement islamiste maintenant parvenu au pouvoir légitime en Tunisie et largement associé au gouvernement au Maroc, ce fait fondamental ne saurait être nié.

L'enclenchement de la suite du processus représente une sorte de reproduction élargie et complexe de la première révolution anti-coloniale du milieu du siècle dernier. Partie d'une Tunisie bourgeoise et indépendantiste, l'étincelle de l'indépendance gagna bientôt dans les années 1950 un Maroc où la Dynastie s'alliait aux partis naissants, et elle finit en Algérie, enfin, avec une Commune de Paris, cette fois-ci victorieuse. Après une longue interruption marquée par le triomphe de réalités étatiques étanches les unes aux autres, et malgré l'instauration, purement formelle, d'une « Union du Maghreb arabe » (UMA) élargie à la petite Mauritanie et à l'incompatible Libye de Kadhafi, cette logique semble tout d'un coup se remettre à fonctionner sous l'impact du Printemps arabe. Si une foule sympathique et pacifiste n'avait pas réussi à mettre à genoux une dictature, encore assez débonnaire mais de plus en plus ubuesque et crapuleuse, à Tunis, jamais les assises politiques de la monarchie marocaine et du FLN algérien restauré par Bouteflika à l'issue de la guerre civile des années 1990 n'eussent bougé à une telle vitesse.

C'est l'exacte reproduction de la transmission en 1952 de la crise tunisienne à un Maroc où l'administration coloniale française, en prétendant jeter par la fenêtre le précieux legs modérateur de Lyautey, construisait les bases d'un mouvement de libération impossible à endiguer, parce que reposant sur l'alliance du trône, des masses populaires et de la bourgeoisie nationaliste naissante. Face à une autorité française de plus en plus ridicule et même barbouzarde (les assassinats perpétrés par la prétendue « Main rouge », qui n'était autre, hélas, que les services secrets de la France républicaine), la Tunisie s'était donnée à un homme, Habib Bourguiba et à un parti socialisant mais pro-occidental au sens large, le Néo-Destour, qui allait balayer tout sur leur passage. Aujourd'hui, certes, un tel mouvement, pour ne pas parler de telles fortes personnalités fondatrices, n'existe plus. Mais face à une minorité politique islamiste, on l'espère éphémère, une coalition de vieux bourguibistes non compromis par la basse époque « benaliste », de serviteurs honorables de l'Etat, d'entrepreneurs privés rationalistes, et de jeunes épris de liberté mondialiste, peut encore se mettre en place surtout si, comme on peut le penser, le bilan économique des benalistes se révèle bien vite plutôt lamentable. Dans la confusion de l'indépendance, Bourguiba et ses plus proches compagnons avaient su faire front à l'option, d'abord interne au parti, des partisans de Salah Ben Youssef, qui voulaient rejoindre les idéaux autoritaires du Baas, au Machrek.

Aujourd'hui, le triomphe consternant, mais qui n'était pas totalement imprévisible, d'Ennahda a virtuellement inversé la situation qui régnait à l'indépendance : Bourguiba et les occidentalistes du Destour avaient su triompher du populisme arabiste qui rêvait de conjoindre ses rêves à ceux des nationalistes-révolutionnaires de l'Egypte nassérienne et du Machrek baasiste, alliés en dernière instance au communisme soviétique. Il eût fallu pour une victoire des populistes youssefistes que les marxistes locaux désavouent leurs vieilles amitiés juives, ce que répugnait à faire sur place le parti communiste tunisien, qui, sans trop le proclamer, préférait encore le laïcisme pro-occidental de Bourguiba au populisme autoritaire sans rivages de Salah Ben Youssef. A présent au contraire, c'est la forme contemporaine du même populisme arabiste qui semble triompher, sous le visage et le programme d'un parti intégriste, Ennahda, allié obéissant de la confrérie des Frères musulmans du Caire, et dûment stipendié par le Qatar, dont le ministre des Affaires étrangères s'était d'ailleurs invité à l'inauguration de l'Assemblée constituante, pour jouir – un peu trop ouvertement – de son triomphe. Bourguiba lui-même fut tenté par la fuite en avant vers le socialisme nassérien tardif, sous l'impulsion de son doctrinaire Premier ministre Ben Salah, dont il se sépara après la catastrophe d'une brève expérience collectiviste en agriculture, au début des années 1970. Puis Bourguiba inclinera encore, mal conseillé par Ben Ali, qui en était encore à ses débuts, vers l'idée saugrenue d'un mariage de raison avec la riche Libye de Khadafi, et, pour finir, le « Combattant suprême » laissa même sa dernière épouse, aussi intrusive dans la vie de l'Etat que le sera Mme Trabelsi à sa suite, flirter avec l'entourage, récemment arrivé, d'Arafat à Tunis, pour y favoriser un nouveau coup de force, d'une évidente inspiration nationaliste-arabe. Pourtant, à chaque fois, l'onde magnétique profonde de la société tunisienne réaffirma, comme par un mécanisme de correction automatique, le cap d'une modernisation potentiellement démocratique du pays. Cette onde et ce mécanisme correctif quasi spontané fonctionnent-ils encore ? C'est toute la question que l'on peut se poser. Si la poussée islamiste dépasse les prévisions les plus audacieuses, il reste tout de même que la somme des trois principaux partis laïques atteint un niveau de 40 % des sièges. Certes, deux de ces partis sont alliés aux islamistes, l'un d'entre eux, le Congrès républicain du nouveau président Marzouki ayant même joué abusivement de cette étiquette laïque, alors qu'il n'était déjà plus qu'un figurant d'origine nationaliste-arabe, au service des Frères musulmans. Mais l'autre formation, parasyndicale, Ettakattol, reste fidèle à l'héritage bourguibiste à travers le syndicalisme UGTT et demeure, elle, indispensable à la crédibilité démocratique du nouveau gouvernement. Nul doute que l'avenir de la

Lybie voisine, où Ghannouchi et ses amis se feront les auxiliaires zélés de la stratégie égypto-qatarie d'absorption du Conseil de transition par les islamistes locaux, constituera une première occasion de clivage, cette fois-ci en politique étrangère. Les pressions militantes, salafistes, ne manqueront pas, de leur côté, d'atteindre, malgré les protestations de pure forme actuelle, le noyau dur du programme vital tunisien, à savoir le statut des femmes et la liberté de conscience des agnostiques. A un moment donné, le peuple tunisien devra se prononcer une seconde fois, non plus pour condamner l'ancien régime et récompenser les opposants les plus visibles, qui avaient été, depuis toujours, les islamistes d'Ennahda, mais cette fois-ci pour savoir s'il veut maintenir le cap de la Tunisie moderne et d'une forme d'unité maghrébine modérée avec le Maroc et l'Algérie, ou pousser à la réalisation du programme véritable de son nouveau parti hégémonique, c'est-à-dire le démantèlement de la force motrice laïque et libérale du pays, au profit géopolitique d'une nouvelle hégémonie régionale égyptienne.

Au Maroc, dans les années 1950, Mohammed V avait su opposer un rassemblement composite aux forces anarchisantes berbéristes du Glaoui de Marrakech, qui jouissaient de l'aide active de la France colonialiste à l'agonie. Aujourd'hui, ces forces anarchisantes prennent un tout autre visage, celui de l'islamisme radical du cheïkh Yacine et de sa fille, alliés pour la circonstance avec les survivants d'une extrême gauche orpheline du « socialisme arabe » algérien, libyen, ou baasiste. Il y a même un processus de substitution discernable, qu'on peut comparer aux dommages commis dans les années 1950, par les ultras du Maroc français d'alors. Ces émules du colonialisme français qui fomentaient délibérément l'anarchie contre Mohammed V, partisans d'un Maroc à genoux, tombèrent bien vite dans les poubelles de l'Histoire. Mais, vous les trouverez aussi, sans effort, au Machrek contemporain, particulièrement dans la famille Thani du Qatar ou encore en Arabie Saoudite, chez des doctrinaires wahhabites qui souhaitent le renforcement d'un islamisme marocain, quel que soit le prix que la monarchie saoudienne et ses profiteurs pétroliers devront un jour acquitter si, par malheur pour le Maroc et tout le Maghreb, l'anarchie potentielle salafiste devait l'emporter sur le rassemblement démocratique autour du Trône. Le parallèle est saisissant : le roi du Maroc Mohammed V était issu de la monarchie héréditaire alaouite qui avait établi sa légitimité de Commandeur des croyants sur une autorité théologique incontestable. Celle-ci faisait du roi l'autorité religieuse suprême dont la légitimité pour le royaume marocain avait elle-même été reconnue par le calife ottoman d'Istanbul qui lui déléguait son aura religieuse pour toute l'étendue de son Etat. Malgré cela, le « Commandeur des croyants » eut le magnifique sens politique d'accepter volontairement de partager une grande partie de son pouvoir avec un parti moderne, l'Istiqlal (ou Parti de l'indépendance), qui rassemblait des notables nationalistes assez conservateurs sur le plan social, et une jeunesse nassérienne turbulente, dont Mehdi Ben Barka allait devenir bien vite le leader incontesté. De la même manière aujourd'hui, Mohammed VI rejoint la geste victorieuse de son grand-père, en transformant le pouvoir au bénéfice d'un suffrage démocratiquement exprimé, dont le résultat, massivement affirmatif, a tout de suite frappé les esprits. Et de même que Mohammed V, pendant la phase la plus sanglante et la plus troublée de la guerre d'Algérie, sut intégrer une gauche socialiste marocaine de bonne volonté, le roi actuel s'efforce de trouver une place pour les islamistes qui acceptent le nouveau cadre qui leur est proposé.

La poussée, plus forte que prévue, de cet islamisme le plus modéré dans son programme, celui du Parti de la justice de Benkhirane, complique l'équation. En effet, la longue accoutumance des Marocains à un pluralisme des partis, déjà bien établi depuis plus de trois décennies, aura au moins permis l'émergence d'un parlement à peu près divisé en trois blocs, de force presque égale : les islamistes du Parti de la justice, les anciens partis rassemblés dans un front commun (la « Kotla »), qui regroupe l'Istiqlal nationaliste, l'Union socialiste et les postcommunistes, et enfin, deux partis conservateurs proches du roi, alliés au mouvement berbériste, lui-même en recul à la différence de l'Algérie, après vingt ans d'arabisation scolaire et de réislamisation sociétale. Le roi a donc appelé Benkhirane, dont le parti demeure loin en tête des autres, à former un nouveau gouvernement, lequel s'appuiera sur une légitimité parlementaire nouvelle. Mais il ne s'agit ici que de l'ouverture d'une difficile partie, qui, à présent, devra se mener sur tous les fronts de la société marocaine.

A la différence des islamistes tunisiens, parvenus clairement à contrôler tout le pouvoir légitime, en alliance avec leur valet Marzouki, les islamistes marocains n'ont ni majorité parlementaire véritable, ni mandat de gestion du Palais, sur les ministères régaliens. Il reste à Mohammed VI à préempter son nouveau Premier ministre sur le terrain d'une coopération spécifiquement maghrébine avec l'Algérie en recherche de son avenir, à laquelle il donnera l'évidente préférence sur le rapprochement idéologique avec Le Caire, voire une Arabie Saoudite où l'effacement du roi Abdallah Ier au profit de son demi-frère Nayef ne présage rien de bon. Il n'empêche que, plus que jamais, avec une Algérie bien incertaine, c'est du Maroc, et pour l'instant du Maroc seul, que peut se développer une contre-offensive à visée stratégique des forces hostiles à la révolution conservatrice islamiste, apparemment hégémonique pour le moment.

Il faut espérer que le triomphe électoral des Frères musulmans en Egypte, et peut-être demain en Syrie ou en Libye, n'aura pas les même effets délétères sur le Parti de la justice et du développement du Maroc que l'alliance de l'Algérie indépendante et de l'Egypte nassérienne put avoir sur la gauche marocaine, issue de l'Istiqlal et pleine d'illusions dangereuses, avec Ben Barka, le fondateur de l'Union nationale des forces populaires, aujourd'hui Union socialiste. Le pari valait d'être engagé, alors comme aujourd'hui.

Sous sa forme contemporaine, ce compromis historique repose sur une lente et habile préparation que l'on doit entièrement à Hassan II. Car si le roi Hassan II eut à faire face à la zone des tempêtes la plus terrible qui soit, dans les années 1970 et 1980, celles-ci, produit complexe de complots internes et de pressions algériennes au-dehors, il faut ici rappeler quelques vérités élémentaires. Tout d'abord, le roi Hassan II ne prit pas l'initiative de la rupture avec la nouvelle UNFP socialiste de Ben Barka. Tout au contraire, ce fut encore l'Algérie de Boumédiène qui imposa au roi une guerre d'épuisement, alors que le Maroc ne fit, en 1974, que récupérer un petit morceau du vaste Sahara, sa petite partie ex-espagnole, clairement marocaine par son histoire et sa culture. L'issue de cette épreuve de force aurait dû conduire, aux yeux des stratèges algériens et de Khadafi, à l'implosion véritable de la monarchie chérifienne. Après la victoire de la « Marche verte » de 1974 (mouvement d'incorporation du Sahara occidental au Maroc, mené par Hassan II avec le soutien quasi unanime de la population marocaine) et la fin tragique de la régence du général Oufkir, on notera par ailleurs que c'est le roi lui-même qui dès 1978 prit l'initiative de restaurer la légalité de quatre partis politiques, autrefois alliés à son père dans le combat pour l'indépendance :

a. l'Istiqlal, « maintenu », à l'aile droite, nationaliste ;
b. l'UNFP réhabilitée, devenu entre-temps « Union socialiste », et ayant considérablement modéré ses objectifs, à gauche ;
c. un mouvement berbériste, longtemps éclaté entre deux ailes concurrentes ;
d. et même un parti communiste, le Parti de la libération et du socialisme, dont le sage leader Ali Yata sut soutenir les revendications nationales du Maroc sur le Sahara, contre les pressions d'une Union soviétique, tout autant qu'il avait dénoncé en 1968 l'intervention de Moscou contre le Printemps de Prague.

La restauration du pluralisme au Maroc fut suivie, à la fin du règne de Hassan II, par la cooptation délibérée des socialistes à la tête du gouvernement marocain, quelque vingt ans plus tard. S'il est vrai que l'essentiel des décisions, et pas seulement dans le domaine régalien, était encore aux mains du Palais et que le vizir aux Affaires de sécurité, Mohammed Basri, conservait entre ses mains un pouvoir policier et médiatique exorbitant, il n'en est pas moins vrai que la nouvelle politique de Mohammed VI ne représentait pas, du moins en ce domaine, une rupture quelconque avec celle de son père.

Aujourd'hui, en tout cas, le roi a bel et bien réalisé un consensus largement équivalent à celui qui avait assuré la fin du protectorat français et le retour en puissance de la dynastie alaouite, en 1954, avec Mohammed V. Mais il a aussi, en dix ans de règne, considérablement étendu la sphère des libertés civiles et l'émancipation juridique des femmes avec la réforme de la « Moudawana ».

Il y a fort à parier que l'Algérie à son tour connaîtra un développement lié à l'addition de la révolte démocratique et moderniste de la Tunisie et de la réforme, non moins moderniste, mais toujours monarchiste, du Maroc. Mais ici nous avançons la possibilité politique, par optimisme invétéré, d'un scénario opposé terme à terme au passé récent, celui d'une réforme démocratique algérienne, qui serait bien différente dans son déroulement de la terrible insurrection des Aurès de 1954. La guerre d'Algérie en effet succédait, le massacre de Sétif de 1945 excepté, à une période de calme relatif où la IVe République française s'était pourtant efforcée, malgré son velléitarisme, d'intégrer peu à peu, notamment dans des structures municipales comme celle d'Alger, le mouvement nationaliste déjà majoritaire, incarné par le MTLD de Messali Hadj. Ici, au contraire, l'actuel gouvernement de Bouteflika fait suite à l'épisode le plus sanglant de la montée en puissance de l'islamisme dans le monde musulman, la guerre civile algérienne de 1992-1998. Et tout indique que le peuple algérien, toutes opinions ici confondues, ne souhaite aucunement revivre ce moment traumatique. Autrement dit, la « seconde guerre d'Algérie » a déjà eu lieu. Il est donc moins probable qu'elle se reproduise.

L'Etat algérien, issu du FLN, et partiellement restauré dans ses ambitions de reposer sur un parti unique véritable sans pour autant que l'opinion le laisse aller jusqu'au bout de cette aspiration, dispose donc d'un mandat de gestion plus large que le mécontentement chronique de la population ne le laisserait supposer. On peut donc faire l'hypothèse d'une évolution non révolutionnaire, dans une Algérie qui doit réapprendre, à marche forcée, les mécanismes de l'économie de marché, l'ouverture compétitive au monde extérieur et la rigueur d'un appareil d'Etat reconstruit entièrement sur de nouvelles bases. Toutefois, il faudra ici rappeler que cet Etat si peu efficient sur le plan économique a aussi su engendrer un régime nouveau fondé sur les trois piliers de la liberté de la presse, de la tolérance institutionnelle de forces politiques hétérogènes et de la coexistence pacifique d'un islamisme politique et d'un laïcisme socialisant, tous deux issus de l'éclatement inévitable d'un mouvement national autrefois transformé en faux parti unique, le FLN.

Mais revenons au Maroc. Dans ce grand ébranlement maghrébin, la bataille décisive, dont le succès entraînera l'issue favorable de toutes les autres, se déroulera autour de l'Etat chérifien et de sa réforme. Cette bataille anti-islamiste se livrera bel et bien prioritairement au Maroc, et sans appui extérieur. Les partisans de la liberté ne pourront en effet compter que sur eux-mêmes, et, à l'inverse, les islamistes ne pourront être véritablement secourus, ni par l'Egypte, ni par le Qatar s'ils doivent avoir le dessous. Le royaume chérifien est-il en train de devenir l'équivalent de ce que fut le Piémont, dans l'unité italienne ? Comme pour le Piémont au temps du Risorgimento, tout se jouera en effet dans la victoire interne des réformistes marocains, dans trois directions stratégiques. Et ici, cette victoire devra aussi être remportée pacifiquement sur le Parti de la justice, au sein de la coalition précaire qu'il se trouve pour l'instant appelé à former, sinon à diriger.

La première initiative stratégique, apparemment la plus simple, consistera à transformer l'assise économique du pays de manière à rendre le Maroc, et à terme le Maghreb tout entier, compatible avec le projet européen. Cette ambition consiste en la libéralisation véritable de tout le champ économique. Elle suppose donc l'instauration de nouvelles règles du jeu dans lesquelles le pouvoir royal accepte volontairement de réduire son insertion dans la vie de la société civile, mais aussi dans lesquelles les corporations, encore vivaces dans la grande propriété agricole comme dans les chambres de métiers, acceptent, elles aussi, l'abaissement des barrières protectionnistes et des diverses couvertures légales qui les structurent encore, au détriment de la croissance. On pourra ici tester la capacité intellectuelle et politique du parti islamiste, parvenu à diriger le gouvernement, s'il doit assumer les mesures de libéralisation et de déconcentration de l'économie qui n'ont rien à voir avec son programme initial. Un débat fondamental est ainsi en perspective. Dans le même temps, des gains de productivité pourraient être réalisés dans la foulée (peut-être, selon certaines analyses, une lutte tenace contre la corruption aurait-elle pour effet d'augmenter immédiatement le PIB de 0,2 à 0,5 %).

La deuxième direction stratégique engagerait l'émancipation du nouveau gouvernement, issu du suffrage universel, par la nouvelle souveraineté du Parlement, qui disposera enfin de la pleine autorité en matière économique, sociale, et culturelle. Aux partis historiques aujourd'hui en déclin, malgré leur rassemblement dans le Bloc de la Kotla, le pouvoir royal aurait intérêt à ce que des formations nouvelles prennent peu à peu leur place, mieux capables de concurrencer le leadership actuel du parti islamiste de la justice. L'Union socialiste, moribonde depuis son passage au gouvernement dans les années 1990, malgré l'existence en son sein d'un mouvement de jeunesse laïque très déterminé, pourrait s'efforcer de fusionner avec une nouvelle génération libérale suscitée par Twitter, la liberté de la presse en plein essor et les associations de défense des droits de l'homme. L'Istiqlal pourrait s'enrichir de forces entrepreneuriales urbaines nouvelles et moins dépendantes des grands monopoles actuels de l'importation. L'Istiqlal pourrait exprimer un idéal de développement industriel que le Maroc doit encore porter à bout de bras, alors que l'essentiel de sa croissance a reposé, ces dernières années, sur une lente amélioration de la productivité agricole et surtout sur l'expansion des services, allant du tourisme à l'informatique et aux banques. Il resterait alors la place pour deux grands partis de masse qui s'équilibreraient peu à peu, comme ils l'ont fait dans la douleur de la guerre civile en Algérie : les islamistes arabisants et les berbéristes laïcisants. Il se trouve que l'identité linguistique berbère représente aujourd'hui 45 % du Maroc et plus de 70 % de la population des montagnes les plus pauvres. Aussi, au vu des résultats électoraux favorables aux islamistes en pays d'Atlas fortement berbère, ces deux blocs s'interpénètrent beaucoup plus largement que n'ont pu le faire en Algérie les islamistes du FIS, qui faisaient face à seulement 25 % de Kabyles, très informellement alliés aux autres groupes berbérophones, les Chaouis des Aurès, les Touaregs du Sahara et les Mozabites des Oasis. Au Maroc, au contraire, le Parti de la justice a trop besoin des voix qu'il recueille à présent dans les vallées les plus reculées de l'Atlas, et le nationalisme pro-égyptien y est heureusement encore trop loin des frontières

du royaume, pour s'identifier trop clairement à un programme d'arabisation explicite. Et le mouvement populaire berbériste,
qui commence à se réunifier, aura symétriquement bien besoin de courtiser certaines
sympathies islamistes pour ne pas perdre
une nouvelle génération moins sensible
aux solidarités tribales du passé, et plus dé-
sireuse de se retrouver au centre de la vie
politique d'un Etat qui accepte désormais
pleinement la langue berbère, le tamazigh,
comme langue officielle au même titre que
l'arabe littéral. Mais la popularité actuelle
d'un ancien Premier ministre de Mohammed VI, Driss Djettou, devrait faire réflé-
chir bien des observateurs. Ce qui plaisait
tant chez cet homme politique issu de l'entreprise privée, c'est précisément que ses
usines de chaussures et ses magasins de dis-
tribution avaient tourné, sans pour autant
se rattacher à aucun des monopoles industriels entre les mains du « Maghzen », l'Etat
monarchique. L'émergence d'une coalition d'entrepreneurs indépendants, de deux
partis laïques de centre droit et de centre
gauche, issus respectivement de l'Istiqlal et

de l'Union socialiste, d'un mouvement populaire berbériste pleinement réconcilié avec la construction nationale marocaine et d'un parti islamiste plus ou moins modéré acceptant la primauté du Trône, représente pour le moment la forme la plus satisfaisante de transition démocratique non révolutionnaire à l'échelle de tout le Maghreb. Mais il faudra la dynamiser pour qu'en émergent des propositions de développement enfin laïques et libérales, sans masques ni atténuations.

On ne saurait longtemps en rester là. Et plutôt que d'attendre en embuscade que le nouveau Premier ministre Benkhirane avance prudemment des revendications qui figurent au programme islamiste, en s'efforçant d'étendre ainsi sa base sociale au détriment du roi et des autres partis associés dans le gouvernement, ne serait-il pas nécessaire de prendre le Parti de la justice de vitesse ?

En 1974, en déclenchant la « Marche verte » qui permit la récupération du Sahara ex-espagnol, Hassan II avait entièrement redéfini le jeu politique face à une opposition de gauche, héritière de Ben Barka, et détentrice, alors encore, d'une incontestable légitimité idéologique. Aujourd'hui, Mohammed VI a entre les mains une autre initiative incontestable de politique étrangère que lui ouvrent avec l'Algérie sœur, tout à la fois la fin de la présidence Bouteflika, et l'affirmation d'une nouvelle volonté hégémonique islamique, en provenance du Caire et du Qatar. Pour préserver, tant que faire se peut, la Tunisie, et plus encore la Libye de cette OPA hostile des Frères musulmans, une réconciliation spectaculaire avec l'Algérie serait donc éminemment nécessaire. Elle paralyserait, par son ambition maghrébine globale, les velléités de conquête d'un axe Benkhirane-Ghannouchi, des islamistes marocains et tunisiens, alliés en Algérie à la coalition de l'ancien Premier ministre traditionaliste et xénophobe Belghadem, à la tête du FLN et des anciens dirigeants insurgés du FIS, prêts au ralliement institutionnel. L'avenir de la laïcité démocratique dans cette région du monde est pourtant intimement lié à la réémergence d'une aspiration maghrébine commune, celle-là même, à la racine des indépendances des années 1950, qui avait soulevé d'un seul élan trois peuples qui ne sont, en réalité, que de simples sous-divisions d'une seule culture commune, le Maghreb islamique. Et c'est l'alliance du Maroc profondément démocratique avec une nouvelle Algérie, profondément anti-conformiste, qui représente ici la clef.

Nous l'avons compris, il s'agit bien ici de l'amorce d'un processus qui ne pourra pas rester confiné aux frontières du Maroc. L'Algérie aussi aura besoin d'une transformation démocratique de même orientation, non révolutionnaire. Et il faut mentionner, quoi qu'on pense de l'ensemble de son parcours, l'évolution personnelle de l'actuel président Abdelaziz Bouteflika qui, dans ses déclarations publiques, a clairement annoncé que son état de santé défaillant impliquait une transition à terme nécessaire au sommet du pouvoir. Aucun des choix de Bouteflika ne m'a jamais enthousiasmé : ayant vécu toute sa jeunesse au Maroc, dans la ville-frontière d'Oujda, le jeune Bouteflika, devenu à l'« Armée des frontières » l'homme de confiance du colonel Boumédiène, se montre d'une ingratitude sectaire constante envers le Maroc qui l'avait pourtant accueilli avec sa famille et formé dans son adolescence. Ame damnée de la reprise en main autoritaire de l'Etat algérien par l'armée, au lendemain de la chute de Ben Bella en 1965, Bouteflika, à la tête du ministère des Affaires étrangères, se caractérise pendant toutes les années Boumédiène par une ligne stratégique autoritaire, nationaliste arabe, méfiante envers la France, hostile jusqu'à la guerre ouverte avec le Maroc pour la question du Sahara, fanatique s'agissant de l'existence de l'Etat d'Israël. Si le pouvoir lui échappa à la mort de Boumédiène, ce ne fut pas en raison des idées économiques libérales qu'il n'adopta que plus tard, mais bien davantage en raison d'un style de direction impérieux qui rendait l'armée réticente à son élévation à la présidence. Il revint d'un long exil dans les Emirats, pleinement réconcilié avec l'Amérique. Ce libéralisme politico-économique nouveau faisait néanmoins bon marché de la laïcité et de la reconnaissance du berbérisme, fort qu'il était d'une alliance extérieure saoudo-américaine en gestation et d'un nationalisme arabe plus islamisant, qui pointait à nouveau. On pouvait donc craindre le pire d'un homme qui s'adjoignait, dès son arrivée au pouvoir présidentiel, un Premier ministre très proche des Frères musulmans, parfaitement francophobe et antisémite, le dénommé Belghadem, et qui semblait, de l'autre main, prôner une réconciliation avec les vaincus de l'Armée islamique du salut jusqu'à faire craindre une sorte de renversement d'alliance : un FLN reconstitué et autarcique ne pourrait-il ainsi rétablir le bon vieux temps planificateur de Boumédiène et, dans la foulée, la bonne vieille politique hostile à la France et au Maroc, tout en souriant aux nouveaux islamistes maison ? Or, au soir de sa vie, je me dois de reconnaître que Bouteflika aura fait œuvre fort utile en établissant les bases d'un avenir bien meilleur pour l'Algérie, compatible avec les avancées démocratiques parallèles du Maroc et, à terme, de la Tunisie. Les historiens auront à débattre pour savoir quelle aura été la part des intuitions spontanées du vieux leader nationaliste et quelle importance il faudra accorder à la constante pression rationalisatrice exercée par son armée et ses services secrets. On doit attribuer à « Tewfik », le général Medhiène, qui a dirigé la Sécurité militaire depuis le déclenchement de la guerre civile, la chute du gouvernement Belghadem et le retour, au poste de Premier ministre, du terne mais laïque énarque Ouahya ; de la même manière, c'est la Sécurité militaire qui a contribué à marginaliser le « Parti américain » dans la personne du président actuel de la Sonatrach, Khelil, qui demeure pour l'instant ministre de l'Energie, mais très affaibli. Il reste que Bouteflika a décidé consciemment de maintenir debout les « institutions de fait » libérales produites par la victoire du camp laïque dans la guerre civile. Car Bouteflika avait hérité d'une Algérie ayant conquis de haute lutte un pluralisme sans aucun équivalent dans le monde arabe, une autonomie culturelle indiscutée pour les Berbères, un mouvement féministe vibrant et toujours actif, une vie intellectuelle bouillonnante, branchée sur l'immigration algérienne en France et capable de manifester une iconoclastie rafraîchissante, dont un écrivain comme Boualem Sansal est aujourd'hui le symbole.

Tout ce legs de la période immédiatement postérieure aux troubles, Bouteflika l'a accepté et même conforté, exactement comme en 1994-1995 il avait courageusement refusé un ralliement à la stratégie « munichoise » dite de « Sant'Egidio », laquelle aurait fait de lui un président fantoche, permettant rapidement la prise de pouvoir, à peine dissimulée, des islamistes alors en armes.

Il faut faire la part dans ce dénouement, au total heureux, et qui semble avoir préservé jusqu'à présent l'Algérie d'une contagion révolutionnaire en provenance de Tunisie et d'Egypte, du temps long de l'histoire de ce pays.

Commençons donc par le « prélude au Ciel » de l'histoire des idées pendant les années cruciales de la nouvelle indépendance. Entre 1962 et 1965, au cours de l'anarchique présidence d'Ahmed Ben Bella, s'est joué en effet un débat doublement fondamental pour le destin de la révolution algérienne. Au lendemain de l'indépendance, l'Algérie va tout d'abord être submergée par une vague d'intellectuels communistes et trotskystes, français pour l'essentiel, bientôt baptisés

« pieds-rouges ». Or dans cette petite phalange d'économistes et de sociologues, tous formés dans le marxisme des années 1950, un débat fondamental va bientôt faire surgir un camp des « durs », partisans d'une industrialisation à la soviétique de la nouvelle Algérie et de tout ce que ce projet planificateur implique en matière de restriction de la consommation, d'écrasement de l'initiative individuelle, de mise au pas des campagnes et de protectionnisme commercial. Un catholique de gauche qui, de retour d'Algérie, finira par adhérer dans les années 1970 au Parti communiste, version Georges Marchais, Gérard Destanne de Bernis, inventera pour l'occasion le terme d'« industries industrialisantes » qui auraient diffusé peu à peu leurs effets de productivité sur le reste de l'économie à partir de quelques « cathédrales dans le désert », hydrocarbures et raffinage, sidérurgie et chimie lourde. Ce projet convenait parfaitement, une fois les pieds-rouges expulsés, à cette alliance de policiers philo-soviétiques et de technocrates impérieux qui forment l'ossature du nouveau régime de Boumédiène après 1965. Mais c'est contre eux que s'élève alors une réhabilitation des idées déjà défendues dans l'Union soviétique des années 1920 par le leader de l'opposition de droite bolchevique Boukharine et, derrière lui, par le grand économiste agricole Nikolaï Kondratiev. Pour Yves Barel, la révolution algérienne se devait de tourner le dos aux erreurs catastrophiques commises par Staline à partir de 1929, et de respecter la propriété paysanne par une stratégie de développement graduel. Il en résulterait une forme d'atténuation de l'autorité politique au profit d'un pluralisme économique et culturel de la société. On discerne là le début d'une controverse entre deux gauches idéologiquement opposées dans le socialisme français des années 1970-1980 ; mais on doit ici surtout constater que, même vaincu, le parti hostile au choix de la planification avait raison sur toute la ligne pour l'Algérie. Mais l'histoire algérienne n'est tout de même pas la répétition simple de l'histoire soviétique : si la collectivisation des campagnes par Boumédiène fut bien la catastrophe annoncée, elle produisit un effondrement de l'agriculture mais non le bain de sang qu'on aurait pu craindre ; si la centralisation économique et administrative des industries et des services affecta les libertés et la productivité de toute la société urbaine, le contrôle social par ce faux parti unique que demeura durant toute son existence le FLN n'affecta pas les capacités de réflexion des meilleurs ; et si les fondateurs de la révolution algérienne disparurent peu à peu des tribunes officielles, seuls quelques comparses payèrent de leur vie des oppositions qui n'étaient pas toujours dénuées de calculs crapuleux, tandis que les vrais prophètes de la démocratie survivaient à leur défaite politique, et maintenaient intacte leur opposition. C'est ainsi que, au moment de sombrer, le régime FLN s'était déjà aux deux tiers sabordé et combattait, le dos au mur, une insurrection islamiste que beaucoup voyaient, à Paris notamment, triompher inexorablement. Or, à ce moment où tous les acteurs du premier acte de l'indépendance proprement dite pouvaient se souvenir des erreurs commises, le régime alla chercher pour tenir tête aux intégristes l'ancien chef du CRUA, le Comité révolutionnaire d'unité et d'action, qui déclencha l'insurrection apparemment désespérée des Aurès de la Toussaint 1954, Mohammed Boudiaf, et le chef glorieux tout autant que modeste de la légendaire Fédération de France du FLN pendant la guerre de Libération, l'avocat kabyle Ali Haroun. Haroun s'était opposé, dès l'indépendance, à la ligne autoritaire de Ben Bella et avait dû, tout un temps, plonger dans la clandestinité, à peine revenu d'une expérience semblable en France. Avocat très respecté, il s'était retiré de la politique active et devint l'un des membres les plus remarquables de la « présidence collective provisoire » qui remplaçait un Chadli en mille morceaux. Quant à Boudiaf, il revenait d'un long exil au Maroc où il avait condamné clairement la politique saharienne fratricide d'Alger et prôné, tout comme naguère Ben Barka, l'unité maghrébine, entre Maroc et Algérie. A la tête d'un petit parti d'opposition, le Parti de la révolution socialiste, à partir de 1964, Boudiaf avait combattu aussi bien Ben Bella que Boumédiène, en faisant siennes les idées d'Yves Barel et, à travers lui, de Boukharine : conférer la priorité aux campagnes, privilégier la consommation populaire et les infrastructures aux projets industriels pharaoniques, imposer un pluralisme révolutionnaire où les communistes du PAGS et les tendances critiques du FLN auraient pu librement exercer leur influence. Ce sont ces idées, vaincues mais non réfutées, qui triomphaient enfin à l'heure de la plus haute tragédie. L'homme d'une rare subtilité qui rendit initialement possible un tel dénouement n'était autre qu'un ancien syndicaliste communiste, Belkacem Belkaïd, lequel inspirait alors des militaires en plein désarroi stratégique. L'Algérie, cette fille aînée du soviétisme dans le tiers-monde, était en train d'inventer, sous l'empire de la nécessité, ce « happy end » marxiste qui fut le rêve de toute une génération communiste antistalinienne, française comme algérienne. Mais il est vrai qu'à Alger le maréchal Toukhatchevski était encore bien vivant en la personne du général Khaled Nezzar, lequel avait dans les années 1960 sympathisé avec les thèses du PRS de Boudiaf. C'est lui qui, non seulement alla chercher Boudiaf dans son exil marocain pour en faire le président de la résistance laïque de l'Algérie en guerre civile, mais c'est lui aussi, quelques mois plus tard, qui désavoua, en une phrase toute simple, l'ensemble du legs saharien empoisonné de Boumédiène, en déclarant qu'il ne voyait pas « la nécessité de voir apparaître un nouvel Etat (saharoui) au Maghreb ». Certes, le rêve était trop beau. Parce qu'il était demeuré un adolescent aussi rigoureux que fiévreux, Boudiaf crut pouvoir s'émanciper trop tôt de ses partenaires militaires et autoritaires dont il aurait dû pourtant ménager les intérêts. Il en mourut, glorieusement, lamentablement. Mais les idées de Boudiaf lui ont néanmoins survécu. En définitive, l'ironie de l'histoire veut que ce soit Bouteflika qui ait appliqué le programme du PRS, au moins sur le plan politique. On reconnaîtra bien sûr que tout reste à faire sur deux fronts solidaires de ce testament de Boudiaf : dynamiser un marché intérieur appuyé sur une paysannerie ayant repris confiance dans une agriculture ouverte au marché mondial, et surtout réconcilier enfin l'Algérie et le Maroc pour accomplir, sans fléchir, le projet d'un grand Maghreb qui seul peut sauver les intérêts démocratiques immédiats de l'actuelle révolution arabe.

Concernant ce grand projet, trois clefs de lecture s'offre à nous. La première se trouve en Tunisie : elle traite des mécanismes nécessaires à un développement économique continu fondé sur le succès de moyennes entreprises, sur une extraversion consciente du modèle économique vers les exportations et le tourisme, et enfin sur une priorité à l'éducation de masse (une alphabétisation atteignant aujourd'hui 97 % de la population), et qui a pour corollaire une émancipation féminine radicale et un rôle stratégique de la langue française dans la diffusion de standards culturels aux ambitions mondialistes. Les diverses crapuleries de la dernière partie, la plus sombre, du règne de Ben Ali, avec le rôle déterminant des séides de la belle-famille du président, n'ont pas réussi à vraiment altérer cette direction fondamentale, qui met encore la Tunisie à la tête du développement économique et social du Maghreb, avec un PIB par tête d'habitant nettement supérieur à celui de ses voisins, malgré l'étroitesse d'un marché intérieur de 12 millions d'habitants et une quasi-absence de rente pétrolière. C'est la raison pour laquelle le vieil establishment bourguibiste et destourien, évidemment épuré des courtisans les plus voyants de Ben Ali, demeure à terme une force politique importante pour le pays, car il a su donner à la Tunisie cette avance socio-économique dont tout le Maghreb aura bien besoin. Il serait d'ailleurs juste de dire que Ben Ali, à son avènement, après avoir écarté le vieillard incertain qu'était devenu Bourguiba, a su élargir ce groupe dirigeant à des intellectuels innovateurs tels que le regretté professeur Mohammed Cherfi, qui commença à réformer en profondeur le système de l'éducation, sans malheureusement y aboutir.

La deuxième clef de lecture, nous venons de la déchiffrer en Algérie. Parce que l'Algérie connut une véritable révolution, qu'elle recommença trente ans plus tard la même expérience de violence, avec la guerre civile de 1992 à 1998, elle fut aussi en mesure, par compensation, d'inventer dans la douleur et l'urgence des anticorps précieux. L'Algérie aspire aujourd'hui au développement. La xénophobie et la négligence, qui ont paralysé son tourisme, y ont perdu tout prestige populaire, les projets pharaoniques des grandes entreprises d'Etat font bâiller d'ennui les Algériens, qui ne songent qu'à cultiver leurs petits lopins en jardiniers attentifs qu'ils sont demeurés par-delà toutes leurs souffrances politiques et, surtout, le pluralisme religieux et politique actuel leur convient parfaitement. Cette presse écrite criarde ne laisse toujours pas d'étonner avec son impertinence, qui vaut celle du *Canard enchaîné,* et son goût de l'information vraie détonne avec la déférence soviétisante d'une presse officielle qui ne fit jamais d'adeptes sérieux là-bas. Cette liberté d'expression protéiforme représente l'atout-maître de l'Algérie moderne, l'« atout Boudiaf ». Quand bien même les élections n'y sont pas encore tout à fait diaphanes, il n'en reste pas moins qu'il existe, à Alger, une Assemblée nationale avec une députée trotskyste, Louisa Hannoun, qui se voulait, contre tout bon sens, l'alliée privilégiée des islamistes, un leader islamiste rallié, Mah-foud Nahnah, aujourd'hui décédé, reconnu officiellement par les Frères musulmans du Caire ainsi que par le pouvoir en place, des Kabyles autonomistes de diverses nuances culturelles. Cette apparente confusion est très exactement celle que l'on souhaite voir peu à peu s'installer au Maroc, mais dans un Parlement beaucoup plus légitime dans son mode d'élection, et beaucoup plus influent dans la définition d'une politique gouverne-mentale qu'il a pour mission d'inspirer.

Car ici se trouve le paradoxe de la double genèse de la liberté maghrébine. Il y a une liberté d'en bas qui provient de la véritable « autogestion » qu'incarne l'idéal, jamais abandonné, du village berbère tel que les eth-nologues ont pu encore le rencontrer dans les années 1950 dans le Haut-Atlas marocain, la Kabylie ou le Djebel Nefoussa libyen, qui s'est aujourd'hui insurgé avec succès contre la tyrannie de Kadhafi et a su libérer Tri-poli. Cette liberté berbère, magnifique dans ses valeurs tout à la fois démocratiques et chevaleresques, a été malheureusement pa-ralysée dans son effectivité par un idéal de retour à un équilibre conservateur, une fois les grandes épreuves de la guerre dépassées. Ne voit-on pas, aujourd'hui, les deux formations kabyles du FFS et du RCD, en rupture avec leurs pères fondateurs respectifs, Aït Ahmed et Saïd Saadi, et, malgré cela, toujours incapables de se fédérer ? Même remarque au Maroc, où le Mouvement populaire du désormais centenaire Mahjoubi Aherdane n'a longtemps pas réussi, non sans une certaine satisfaction du Palais, à provoquer une dynamique populaire nouvelle. C'est la raison pour laquelle, à cette liberté d'en bas, doit se conjoindre une liberté venue des sommets.

Celle-ci fut européenne bien avant la colonisation française, espagnole et italienne, puisqu'elle fut introduite par tous ces musulmans chassés en deux étapes (1492 et 1545) d'Andalousie et de Valence, dont la culture demeurait profondément espagnole. Ce sont ces Andalous qui ont introduit à Fez, à Alger, à Tunis ou dans le cap Bon qu'ils colonisèrent entièrement, leur architecture aux larges fenêtres, leurs patios ouverts où se réunissaient les foules déjà pré-démocratiques, leur musique instrumentale subtile qui transforma toute l'esthétique populaire jusqu'au raï actuel, sans parler de leur judéophilie active dont l'imprégnation peut se constater un peu partout au Maghreb, et particulièrement au Maroc. Tous ces éléments, y compris la tolérance pour les juifs dans la haute société marocaine, n'ont pu prospérer qu'à l'ombre d'un pouvoir fort et éclairé, dont aujourd'hui seule la dynastie alaouite pourra être la garante. L'émir Abdel Kader avait incarné en son temps le sommet du génie créateur maghrébin en esquissant la synthèse d'un soufisme fervent, et secrètement hostile à la brutalité spirituelle du salafisme populaire, avec un engagement franc-maçon, non moins sincère et explicitement modernisateur. Réfugié au Maroc en raison du malheur des temps, tout comme Boudiaf un siècle plus tard, il avait songé à se placer sous la bannière de la monarchie chérifienne, mais finit, hélas, par chercher à la renverser à son profit, et fut ainsi contraint de quitter son cher Maghreb pour la lointaine Damas, où Napoléon III, dans sa grand intelligence foudroyée, ne cessa de le courtiser. Abdel Kader exprime toute la force et l'aveuglement de la liberté maghrébine d'en bas, jusqu'à concevoir de briguer contre le sultan un trône marocain qu'il eût bientôt réduit en cendres. Mais c'est Mohammed V qui accomplit ce programme modernisateur, en s'appuyant, tel un Louis XI au sortir de la guerre de Cent Ans, sur la solidité du domaine royal, sur un Maghzen pluricentenaire mais modernisé, aujourd'hui encore, par une génération de polytechniciens marocains qu'Hassan II préserva comme la prunelle de ses yeux, les préférant à des énarques trop férus de simple administration.

Et c'est cette liberté andalouse, cet européanisme devenu purement indigène, cet intellectualisme tout à la fois soufi, judéophile et ouvert au monde, qui est la troisième clef de compréhension, peut-être la plus secrète et la plus précieuse, que nous offre, lui, le Maroc actuel.

Imaginons donc que la liberté par en haut qu'incarne la courageuse stratégie réformiste du roi Mohammed VI se conjoigne avec l'irréductible esprit de liberté qui a permis au peuple algérien de secouer à mains nues la domination coloniale de la France puis de vaincre, presque à mains nues une nouvelle fois, la terrible insurrection islamiste. Imaginons enfin que la réunion de ces deux réalités qui s'incarnent prioritairement dans les deux grands Etats du Maghreb puisse bénéficier de l'esprit d'entreprise et de la sagesse rassise des bourgeois radicaux-socialistes tunisiens, qui survivront, quoi qu'il arrive, aux ambitions brutales et ignorantines d'Ennadah et son guide Ghannouchi qui ne parle aucune autre langue que l'arabe. Nous avons là une formule enfin valide de développement accéléré, non seulement pour la région, mais pour l'ensemble du monde arabe, et même pour l'Europe en construction. A côté du véritable « dragon turc », l'Europe trouverait ainsi, dans son dialogue avec l'islam, une seconde assise, à l'Ouest. Ce serait la rencontre de l'Andalousie rationaliste d'Averroès et du mysticisme libéral turco-iranien d'Avicenne et de Roumi, c'est-à-dire des deux irruptions soufies qui auront su, en leur temps, contrecarrer la dérive théocratique de l'islam classique, à l'Ouest maghrébin, et au Nord-Ouest turco-iranien de son domaine traditionnel. Ici, nous quittons les espaces restreints des casbahs nord-africaines et nous touchons très concrètement au destin le plus profond de notre pauvre monde. C'est dire l'importance stratégique capitale de l'enjeu maghrébin, pour une mondialisation mieux maîtrisée et plus démocratique.

Égypte & Péninsule arabique

Si donc le Machrek du Nord (Irak et Syrie) et le Maghreb à l'Ouest constituent les limites de notre diagnostic, nous pouvons enfin essayer de placer quelque part au milieu de notre matrice les deux espaces intermédiaires et particulièrement instables que sont l'Egypte et la Péninsule arabique. Le paradoxe est le suivant : l'Egypte est la mère de la civilisation de toute cette région. C'est en Egypte en effet que naquit, avant la révolution jeune-turque, la première expérience de parlementarisme réussie dans le monde arabe, avec la monarchie khédivienne à partir des années 1860, c'est encore en Egypte que se développa l'hégémonie bienfaisante d'un grand parti libéral démocratique, tout à la fois nationaliste et tolérant, le Wafd, ouvert aux coptes comme alors aux juifs dans les années 1910. C'est toujours en Egypte que Nasser se lança dans une sorte d'imitation, au départ enthousiasmante, de la révolution kémaliste de la Turquie – et dont il reste tout de même l'imposant barrage d'Assouan et l'électrification des campagnes, c'est en Egypte enfin que réside cette culture urbaine incomparable du Caire, d'où proviennent la politesse arabe, le chant d'Oum Kalthoum, la danse sublime de Samia Gamal, immortalisée par ses grands films des années 1950, la grande littérature politico-philosophique de Taha Hussein et de Naguib Mahfouz. Au contraire, tout le monde sait la brutalité bédouine et le fanatisme religieux de la secte wahhabite, qui domine non seulement le royaume des Lieux Saints proprement dit, le Hedjaz, mais aussi les conceptions du monde à l'origine des organisations politiques des petits émirats assujettis aux Saoud de Koweït, de Bahreïn, d'Abou Dhabi et de Dubaï et même de la famille dissidente et contestataire des Thani, au Qatar. Entre la haute civilisation égyptienne et le fruste intégrisme péninsulaire, la polarité parfaitement visible s'est toujours manifestée par des chocs électriques à répétition. Le fondateur de l'Egypte moderne, Mehmet Ali, envoie son armée dévaster le fief wahhabite du Nedjd pour le compte du sultan ottoman, dont il se veut encore le féal ; le roi Ibn Saoud tiendra sa vengeance en interdisant à la monarchie égyptienne d'envoyer son chameau plein d'offrandes, au pèlerinage, pendant toutes les années 1920-1930. Et bientôt, avec Nasser, à partir de 1961, c'est une guerre ininterrompue qui aura lieu, à forme ouverte pour le contrôle d'un Yémen bouleversé par sa révolution républicaine, à forme couverte dans le financement permanent des Frères musulmans égyptiens par la monarchie saoudienne auquel répond le débauchage par Nasser des membres dissidents de la famille royale de Riyad (le prince Talal, toujours vivant) grâce aux services secrets égyptiens. Nous avons d'ailleurs un micro-milieu où cet antagonisme des paysans nilotiques et des Bédouins du désert a encore libre cours, c'est la péninsule du Sinaï, où les tribus traditionnelles étaient parvenues sans trop de mal à coexister avec l'occupant israélien, mais se retrouvent en guerre permanente avec les gendarmes égyptiens venus de l'autre côté du canal de Suez (que la révolution de la place Al Tahrir a tout un temps éloignés du Sinaï, devenu virtuellement autonome et anarchique avant qu'un pouvoir fort ne se rétablisse dans la vallée du Nil).

Pour toutes ces raisons, nous pensions comme tant d'observateurs que la prégnance, notamment financière, du pouvoir saoudien sur l'économie égyptienne, les liens de plus en plus forts entre salafisme bédouin et Frères musulmans égyptiens allaient conduire un jour ou l'autre à l'affaiblissement du pouvoir central au Caire et à l'établissement d'une sorte de conjonction des deux grands Etats du monde arabe, au profit d'une réislamisation globale de la région. La fusion au sein d'Al Qaïda des aspirations d'un membre apparenté de la famille royale des Saoud, Oussama Ben Laden, et d'un petit-fils d'un doyen de la faculté de théologie Al Azhar du Caire, Ayman Zawahiri, semblaient en être la préfiguration miniaturisée, ô combien sinistre. Or c'est exactement l'inverse qui risque de se produire, indépendamment de la subjectivité des protagonistes.

Malgré les prurits intégristes qu'on retrouve de bas en haut de la société saoudienne, il me semble que l'insertion mondialiste du capitalisme rentier des Etats pétroliers du golfe Persique sera peut-être durablement plus forte que les vieilles pulsions intolérantes venues du désert. L'alliance solide de la faction réformatrice qu'ont incarnée avec bonheur le roi Abdallah en Arabie Saoudite, et la famille régnante Nahayan d'Abou Dhabi dans les Emirats, pourrait en définitive prévaloir grâce notamment à la poursuite de réformes politiques qui aboutiraient, après la crise de Bahreïn, par intégrer définitivement les minorités chiites à la vie politique des différents Etats du Conseil de coopération du Golfe.

A cela s'ajoute une dimension indopakistanaise, trop souvent négligée en raison

de notre européocentrisme. La capitale économique d'une partie du golfe Persique est
déjà Bombay, et le capitalisme indien, fût-il
d'origine musulmane, joue un rôle considérable dans l'évolution de la Péninsule arabique. Soldat souvent grassement défrayé
de l'Arabie Saoudite, l'armée pakistanaise
joue aujourd'hui une partie anti-américaine
qui lui vaut la désapprobation, muette mais
certaine, de la cour saoudienne, toujours
convaincue du caractère incontournable
de l'alliance avec Washington. A Riyad, on
n'est nullement persuadé que la réinstalla-
tion des Talibans en Afghanistan qu'our-
dit chaque jour l'état-major pakistanais soit
une si bonne chose pour l'équilibre de la région ; on y préfère le régime civil d'Islamabad, menacé de toutes parts, et même dirigé
aujourd'hui par des chiites comme le président Zardari et le premier ministre Guila-
ni, à une armée qui ne rêve que de plaies et
bosses, avec l'Inde aujourd'hui, sans doute
avec l'Amérique demain. Et l'horreur de
constater qu'Oussama Ben Laden vivait
sous la protection de l'armée pakistanaise
à Abottabad n'est pas moindre en Arabie

qu'elle ne l'est dans l'opinion publique américaine. Déconnectée de son alliance pakistanaise, et engagée dans des réformes irréversibles, l'Arabie péninsulaire ne sera sans doute jamais un modèle de démocratie pour le monde arabe, mais elle pourrait quand même se réconcilier suffisamment avec une démocratie véritable, la Turquie, et tolérer, à travers la cooptation de la Jordanie, une paix durable avec l'Etat hébreu, de telle sorte que le spectre de l'intégrisme destructeur s'éloigne peu à peu de ce terrain, particulièrement favorable de par son origine culturelle au fanatisme pur et simple.

Et, à l'opposé, l'Egypte peut s'engouffrer dans une spirale descendante d'autant plus dangereuse qu'elle prendra tout d'abord les apparences d'un projet rationnel et respectable, tout comme celui de Nasser en son temps : la restauration du prestige et de la puissance d'un Etat égyptien centralisé. Si l'on observe les frontières de l'Etat égyptien, on constate en effet d'emblée qu'elles sont, toutes, durablement effervescentes. D'une part la Libye, qui sort pantelante d'une guerre civile qui aura certes chassé Kadhafi et les siens, mais qui conduira par simple capillarité les éléments les plus islamisants du nouveau Conseil de transition à rechercher un protectorat du Caire, déjà présent sur le plan sociétal dans le bastion intégriste de la Cyrénaïque. Au Sud, la situation soudanaise n'est guère meilleure, avec Omar Béchir, dictateur intégriste sur le départ, dans un pays tétanisé par la sécession de sa partie méridionale et africaine, et par les guerres, pour l'instant froides, du pétrole et de l'eau avec les riverains de l'amont du Nil, Ethiopie, Sud-Soudan, Ouganda et Rwanda. Sans parler des dissidences durables au Darfour et au Kordofan, à l'intérieur du « Nouveau Soudan » que conserve le pouvoir militaire de Khartoum. Pour faire bonne mesure, Gaza, libérée par la révolution d'Al Tahrir des derniers semblants de blocus égyptien – qui n'empêchait du reste aucun trafic –, demeurera un fief des Frères musulmans du Hamas, prêts à se séparer de l'Autorité palestinienne si celle-ci s'engageait pour de bon dans une négociation avec Israël. Bref, toutes les logiques externes à l'Egypte renvoient à des stratégies d'expansion ou de défense qui vont faire du régime en place au Caire un élément beaucoup plus instable sur le plan géopolitique que ne l'était l'Egypte réconciliée avec Israël et bouclier anti-iranien et anti-intégriste de l'Arabie, qu'avaient peu à peu bâtie Sadate et Moubarak.

La logique interne va malheureusement dans le même sens. Quand bien même les Frères musulmans ont d'abord hésité à s'engager dans l'affrontement, et ne cessent de donner à la junte militaire et à l'opinion mondiale des signes de modération, tant sociétale que géopolitique, le mouvement sous-jacent me semble bien différent.

Sans aucun doute possible, les dirigeants des Frères musulmans, à présent plébiscités par le suffrage universel, vont avoir à cœur de contribuer à leur manière au rétablissement de l'ordre intérieur, tout en proposant aux militaires, qui ne quitteront pas le pouvoir véritable, un compromis historique viable. Ils joueront pour ce faire de la forte affirmation des salafistes, plus militants encore sur leur droite (ou leur gauche, comme on voudra), aux fins d'intimider définitivement avec cet épouvantail, pas totalement fictif, les dernières résistances de la société civile laïque, ou des minorités chrétiennes les plus militantes. Mais la rencontre durable des prétoriens du maréchal Tantaoui et du général Sani Anan avec les salafistes ne pourra se solder que par un compromis dynamique fondé sur une politique extérieure plus assertive. De la même manière, Louis Napoléon Bonaparte, une fois écrasée l'émeute ouvrière par les républicains modérés eux-mêmes, parvint à s'entendre avec le parti de l'Ordre, sacré par un suffrage universel favorable aux campagnes, sur la base de la restauration de la puissance militaire et étatique de la France. Une telle solution commence en effet à se dessiner de part et d'autre de la frontière qui sépare les militaires des Frères, et a trouvé déjà, dans la violence, l'exutoire d'ennemis communs tels que le pauvre Moubarak encagé comme une bête fauve, et les militants coptes, abandonnés de tous. Pour l'instant, il s'agit du « bonheur dans le crime ». A quand, le crime contre le bonheur ?

L'économie, si dépendante de la paix civile pour son tourisme et des investissements étrangers – notamment saoudiens – pour son industrie, ne semble aucunement pouvoir repartir rapidement, avec une démographie aussi vigoureuse et aussi dangereuse. La solution politique ne serait-elle alors pas la mise en application d'un mot d'ordre nostalgique et néo-nassérien tel que « Egyptien, relève la tête ! », qu'on entendit plus que tous les autres à la vérité sur la place Al Tahrir en janvier 2011 ? Dans la même lignée, on observera que les trois figures de proue du courant laïque, aujourd'hui écrasé par le suffrage universel, se caractérisent par leur hostilité déclarée à Israël. El Baradeï fit tout pour servir l'ambition nucléaire proliératrice de l'Iran quand il dirigeait l'Agence de Vienne de l'énergie atomique (l'AIEA) ; Amr Moussa s'opposa en tant que ministre des Affaires étrangères à Moubarak en 2000 en soutenant « l'Intifada des mosquées » organisée par Arafat et Barghouti en Palestine, et perdit, à cette occasion, la direction de la diplomatie égyptienne ; quant au romancier Asswani, dont l'ouvrage *L'Immeuble Yakoubian* devint le symbole littéraire de la nouvelle révolution démocratique, il signait, à la veille de l'occupation de la place Al Tahrir par la jeunesse cairote, une pétition demandant la rupture immédiate des relations avec l'Etat d'Israël. Ce n'est donc pas sur eux mais sur des forces armées, bien que sans doute lassées d'une interminable paix et des ultimes réformes libérales de Moubarak en économie, qu'on peut miser pour assurer la sortie pacifique de la crise égyptienne. Mais celle-ci ne s'organisera pas sans le consentement ambigu des islamistes qui viennent de recevoir le renfort du très télégénique cheikh Karadawi, rentré de son exil de Qatar, mais toujours vigoureusement soutenu par la télévision Al Jazira et qui déclarait encore cet été que Hitler avait été l'un des châtiments conçus par Dieu, pour combattre l'insupportable arrogance des Juifs.

Sur ces entrefaites, constatons que la situation s'est doublement et différemment dégradée en Syrie et en Arabie Saoudite, conduisant dans ces deux cas bien distincts à l'affirmation de plus en plus pressante d'une convergence d'intérêts des islamistes et des militaires égyptiens en politique extérieure. En Arabie, c'est la mise à l'écart, pour des raisons évidentes de santé et de grand âge, du roi Abdallah Ier, au profit de son demi-frère, le très fondamentaliste prince Nayef, qui exerce désormais officiellement la régence. Or, Nayef, fanatiquement hostile, à l'opposé d'Abdallah, à toute concession au chiisme arabe, est en revanche beaucoup moins réticent vis-à-vis de l'idéologie des Frères musulmans du Caire, de Damas et de Gaza, dont il partage bien des convictions. Par ailleurs, la radicalisation de l'affrontement en Syrie, et l'engagement croissant de l'Irak chiite de Nouri Maliki aux côtés de Bachar Assad, font craindre la possibilité d'un double basculement de Damas et de Bagdad, ici alliés à l'Iran, dans une confrontation ouverte à caractère confessionnel avec tout le sunnisme arabe, incarné dans la lutte par les Frères musulmans syriens, soutenus par le Qatar et par les grandes tribus irakiennes du Nord et de l'Ouest, un temps séduites par le discours d'Al Quaïda, et aujourd'hui très dépendantes de l'aide saoudienne, si elles veulent reprendre le combat contre le nouveau régime irakien.

Une telle situation ne peut que favoriser une crise résolutoire du système politique iranien, mais surtout, en contrepoids, le réta-blissement progressif d'une alliance militaire égypto-saoudienne, qui était bien en vigueur au temps où Moubarak soutenait sans états d'âme Abdallah à Riyad, et réciproquement.

Une réconciliation, sur fond d'islamisme militant, de l'Egypte nouvelle, du Qatar et des Saoudiens, pour prêter main forte à l'op-position sunnite syrienne, pourrait même séduire initialement une Amérique tentée par l'isolationnisme, et qui verrait dans ce nouveau bloc un contrepoids nécessaire à la prolifération nucléaire iranienne, et aux po-tentialités agressives d'un axe chiite Damas-Bagdad-Téhéran-Beyrouth.

Le pire n'est évidemment pas le plus sûr, et tous les optimistes invoquent désormais, sans restriction, une référence beaucoup plus posi-tive au modèle turc, qui s'impose de lui-même.

Ce modèle s'étendrait alors sans obstacle à l'ensemble d'un monde arabe qui sou-haiterait suivre, dans une émulation éco-nomique et sociétale, son grand voisin du Nord. Si une telle sortie par le haut demeure parfaitement possible, et sans doute immi-nente dans un Iran profondément labouré par la revendication démocratique depuis quinze ans, cette proposition me semble toujours discutable, pour l'Irak, la Syrie ainsi que pour l'Egypte islamiste beaucoup plus militante – de par sa pauvreté structurale – qu'une Arabie Saoudite apaisée par la rente pétrolière et une garantie américaine stable. Alors, une révolution pour rien ? En aucun cas. Après le bref Printemps des peuples de 1848, la France devint effectivement une République démocratique après 1871, l'Allemagne s'unifia et introduisit le suffrage universel, l'Autriche passa un compromis viable avec la Hongrie dès 1866 et l'Italie s'unifia sous la monarchie débonnaire de la maison de Savoie. 1848 avait vaincu quelque vingt ans plus tard et nous verrons bien ce qu'il en sera du monde arabe, après le même intervalle chronologique. Mais pour cela, il nous faudra, au préalable, examiner les véritables leçons de l'expérience turque.

L'expérience turque

A l'heure où la révolution arabe bat son plein, sans qu'on puisse encore lui assigner un terme précis, ni dans le temps, ni même dans l'espace, la Turquie nous fournit en effet d'ores et déjà un modèle complexe, mais heuristiquement idéal, de l'évolution possible d'un monde musulman classique qui s'étend depuis le Maroc jusqu'à l'Iran, en y incluant certaines anciennes républiques soviétiques (Azerbaïdjan, Turkménie, Ouzbékistan et Tadjikistan), ce qui reste du Soudan et sans doute la moitié septentrionale d'un Afghanistan voué à une sorte d'implosion définitive, entre sa moitié iranienne et son autre moitié méridionale tournée vers l'Inde musulmane. La Turquie nous donne à considérer cinq réalisations importantes qui, ensemble, forment une sorte de cercle vertueux.

1. *Le primat de la société civile*

Avant même l'instauration de la démocratie politique, la Turquie a déjà donné naissance, depuis la fin des années 1920 jusqu'au début des années 1990, à une société civile élaborée et complexe. Le droit personnel y est en effet régi depuis presque un siècle par le Code civil napoléonien, adopté intégralement par Mustapha Kemal. Cela signifie que le statut personnel de la femme est marqué par une égalité croissante en matière de divorce, d'héritage et de responsabilité personnelle en matière financière. A ce premier étage de la modernisation s'ajoute l'instauration d'un droit syndical inspiré de l'exemple français, qui a précédé de trente ans l'avènement du pluralisme politique. Certes, la Turquie fut longtemps dominée par un syndicat unique, paternaliste, géré nationalement et presque exclusivement circonscrit au secteur public, mais à partir de 1960, on assiste aussi à l'émergence d'un véritable pluralisme syndical, avec la montée en puissance d'une centrale communisante, la Disk, à présent fort assagie, et ralliée à la gauche kémaliste officielle.

Le point noir qui subsistait encore concernait le statut des minorités. Pour les minorités religieuses, la situation a toujours été théoriquement très favorable, qu'il s'agisse des juifs, qui sont demeurés citoyens à part entière, des crypto-juifs dönmeh et qui n'ont cessé de fournir à la Turquie contemporaine une pléiade de hauts fonctionnaires et d'hommes politiques, des chrétiens, incontestablement acceptés, dès lors que leur foi n'était pas associée à une identité nationale antagonique et séparatiste, et enfin, et surtout, des musulmans dissidents non sunnites, les alévis, qui se réclament à des degrés divers d'un chiisme, lui-même dissident – l'actuel chef de la gauche kémaliste, le Parti républicain du peuple (CHP), Kilincdaroglu, est d'ailleurs le premier leader national alévi (outre qu'il est aussi d'origine kurde) et personne ne semble s'en offusquer. La difficulté, tout le monde le sait, réside dans le fait que ces minorités, pour des raisons souvent légitimes, ne se sont pas pleinement réconciliées avec l'Etat turc moderne à la fin du XIXe siècle : Grecs, aujourd'hui résiduels et concentrés à Istanbul autour du patriarcat orthodoxe (le Phanar), et qui eurent particulièrement à souffrir lors du début du conflit chypriote des années 1950, Arméniens d'Istanbul, certes épargnés par le génocide de 1915 qui n'eut lieu que dans les régions rurales de l'intérieur, mais qui n'en éprouvent pas moins une profonde aliénation qu'exprimait parfaitement le grand journaliste Hrant Dink, mystérieusement assassiné il y a trois ans. Enfin, figure l'importante communauté kurde (entre 20 et 25 % de la population) qui navigue depuis un demi-siècle entre tentation de l'assimilation pure et simple et insurrection séparatiste violente. Notons que les Kurdes assimilés ne font l'objet d'aucune discrimination ni dans l'Etat, ni dans la société : l'ancien ministre des Affaires étrangères de la gauche, Hikmet Cettin, de même que le grand écrivain communiste turcophone, Yacher Kemal, sont l'un et l'autre des Kurdes déclarés et fiers de l'être. En revanche, le jacobinisme originel de l'Etat a longtemps et absurdement refusé aux Kurdes toute personnalité culturelle et linguistique, fort qu'il était de l'assimilation à la française réussie d'autres minorités moins cohérentes, telles que les émigrés non turcs mais musulmans d'Albanie, de Bosnie et de Bulgarie, les Tatars exilés de Crimée, les Pontiques de la mer Noire, cousins musulmans des Géorgiens, ou les lointains réfugiés du Turkestan soviétique ou chinois. Mais le melting-pot turc s'est cassé les dents sur la personnalité affirmée de Kurdes, fiers de leur identité, qui néanmoins continuent – notamment lorsqu'ils vivent à l'ouest du pays – à voter en majorité pour des partis nationaux turcs, et non pour le Parti autonomiste kurde.

Ainsi, avec des problèmes qui ne sont pas intrinsèquement supérieurs à ceux de l'Euzkadi espagnol ou encore de l'Irlande du Nord britannique, la société turque, malgré bien des aspérités et des résistances, offre aujourd'hui le spectacle d'une égalité juridique complète des hommes et des femmes, des musulmans et des non-musulmans, des turcophones et des allogènes, voire des sunnites (avec tout le chatoiement des différentes confréries soufies) et des alévis plus ou moins chiites. On reconnaîtra que tout reste à faire dans le monde arabe où la tolérance des minorités religieuses et ethniques est en évidente régression, s'agissant des chrétiens coptes en Egypte, des chrétiens les plus divers en Palestine, et à présent en Irak, des sunnites face aux chiites en Irak et en Iran, des chiites dans toute la Péninsule arabique, pour ne pas parler des Kurdes, exception faite d'un nouvel Irak, dont la structure fédérale aura été imposée par l'intervention américaine de 2003, et demeure, à ce titre, bien précaire.

2. *L'émergence d'une information pluraliste décomplexée et sincère*

Cette démocratie en voie d'apaisement garantit en outre une liberté d'expression réelle en plein essor. Citons, pêle-mêle, une vie culturelle extrêmement active avec de grands romanciers, unanimement critiques de leur société et généralement à gauche, dont Ohran Pamuk, Prix Nobel de littérature, est le symbole qui fait l'unanimité, une presse pluraliste qui s'appuie sur divers intérêts financiers en opposition les uns avec les autres, des radios libres et des télévisions indépendantes à foison, et, comme on a pu aussi le constater dans le reste du monde musulman, un développement vertigineux des nouvelles communications basées sur Internet. Certes, des journalistes sont encore en prison : à part deux cas liés à des complots organisés par des magistrats islamistes opposés à certains militaires factieux et nationalistes, et qui devraient finalement se résoudre sous la pression d'une opinion publique scandalisée, le reste est composé de militants kurdes dont l'incarcération n'est pas liée à leur activité journalistique proprement dite mais à leur appartenance au PKK séparatiste, qui n'a toujours pas renoncé à la violence. On doit espérer une amélioration de cette situation, mais on ne saurait en rien la confondre avec la prise en main énergique et autoritaire de tous les moyens de communication par les principaux Etats du monde arabe, hormis au Maghreb et à Oman. Certes, une chaîne satellitaire comme Al Jazira incarne aujourd'hui cette information pluraliste pour de très nombreux téléspectateurs du monde arabe, mais elle ne doit pas servir à cacher l'instrumentalisation de ce moyen nouveau d'information, tant par les Frères musulmans que par l'Etat qatari, en lutte persistante contre l'hégémonie saoudienne. De tels effets pervers n'existent évidemment pas en Turquie avec les chaînes de télévision privées, quels que soient les efforts récurrents du pouvoir politique pour y faire prévaloir son propre point de vue.

3. *Des relations internationales constructives*

On constate, en outre, en Turquie, la permanence d'une politique étrangère pragmatique et ouverte qui s'est refusée, malgré la dureté de la lutte pour l'indépendance dans les années 1920 ou l'ampleur de la menace soviétique entre les années 1950 à 1980, à céder à une xénophobie de principe. Il y eut certes quelques exceptions bienheureuses à cette xénophobie généralisée, comme le Maroc, la Jordanie, le Liban multireligieux et, à présent, les Emirats arabes unis, mais ils sont jusqu'à présent impuissants à inverser le cours d'une politique idéologique d'enfermement, tout à la fois hostile à l'Amérique, au communisme naguère, à l'Etat d'Israël toujours, et, de temps à autre, aux voisins immédiats, africains et turco-iraniens. Rappelons ici l'engagement constant de la Turquie républicaine pour endiguer l'expansion des fascismes européens dans les années 1930, sa réconciliation spectaculaire avec la Grèce de centre gauche de Venizélos hier, de George Papandréou aujourd'hui ; une appartenance à l'OTAN qui ne s'est pas réduite à l'anti-communisme militant des années 1950 mais a progressivement permis à la Turquie de jouer un rôle de plus en plus constructif dans les relations internationales, jusqu'à l'engagement actuel d'un petit contingent de forces spéciales en Afghanistan.

Le choix stratégique qui a différencié la Turquie de tous ses voisins – l'Iran du Chah et l'Egypte de Sadate exceptés –, c'est une alliance profonde et durable avec l'Etat d'Israël qui remonte à la fondation de celui-ci, en 1948. Cette alliance est en effet inscrite dans la longue durée en raison de la vieille amitié qui unit le peuple turc, non pas à l'Etat d'Israël mais plus directement au peuple juif dans son ensemble. Depuis l'ouverture du refuge ottoman aux juifs persécutés par l'inquisition ibérique au XVIe siècle jusqu'à l'engagement, souvent admirable, de la diplomatie turque au service de l'objectif humanitaire d'arracher le plus grand nombre possible de juifs aux griffes des bourreaux hitlériens, il y a en effet une tradition profonde de philosémitisme militant dans la pensée politique turque, relayée elle-même par l'appartenance de nombreux dönmeh à la vie politique et administrative du pays. Cette situation inédite permet à la Turquie – une fois que la brouille récente, liée à l'affaire du convoi humanitaire Mavi Marmara, destiné à Gaza, en 2010 et arrimé très violemment par la marine isarélienne, sera surmontée – de former un véritable pont entre Israël et ses voisins arabes. Au moment où un parti islamiste à peine eut-il été légalisé, comme Ennahda en Tunisie, milite pour l'inscription d'une clause de principe anti-israélienne dans la nouvelle constitution en voie d'élaboration et finit par l'imposer, au moment où l'ensemble des partis égyptiens en compétition pour le nouveau pouvoir démocratique au Caire rivalisent de déclarations anti-israéliennes, la démocratie arabe naissante ne présente en rien la maturité, la réflexion et l'expérience du travail en commun avec le reste du monde, qui demeurent autant de traits distinctifs de la stratégie internationale d'Ankara. Certes, on ne manquera pas de relever, ici ou là, des déclarations nationalistes outrancières (par exemple sur la situation des Turcs Ouighours en Chine en 2009) ou des poussées d'anti-américanisme convenu, d'anti-européanisme, celui-là frustré par l'imbécile politique franco-allemande actuelle de blocage à la candidature turque, ou encore d'antisémitisme populiste, mais pour l'instant sans lendemain véritable. Dans ce domaine aussi, le monde arabe aurait beaucoup à apprendre de l'exemple turc.

4. *Croissance économique et expansion*

Par ailleurs, la croissance accélérée de la Turquie et l'expansion de sa zone d'influence, pour l'instant économique, constitue un point fondamental. On a commencé à parler de croissance « à la chinoise » pour donner métaphoriquement à concevoir un processus d'expansion rapide où Istanbul jouerait le même rôle moteur que Shanghai, avec sa prospérité insolente, pour l'arrière-pays chinois. Puis on s'est rendu compte que les taux de croissance eux-mêmes devenaient progressivement comparables, la Turquie occupant la deuxième place de l'expansion de sa croissance, dans le monde, avec 9 % en 2010 derrière une Chine qui atteignait 11 % (et lui ravissant même, brièvement, la première place en 2011). Car, cette année, avec le ralentissement délibéré d'une croissance chinoise qui ne devrait plus dépasser les 8-9 %, la Turquie atteint déjà 11 % et sera ainsi, mais pour l'instant de manière éphémère, le pays en plus forte croissance de la planète, loin des 7 % atteints par l'Inde, ou des 6 % que l'Egypte avait su réaliser juste avant le déclenchement de sa révolution démocratique. Ici, encore, les recettes de la croissance turque ne sont pas aisément exportables, tant l'emprise de l'Etat administratif, sous les formes les plus diverses, caractérise encore le monde arabe actuel, sans parler d'un Iran mis en coupe réglée par ses diverses « fondations », presque toutes tombées dans les mains de l'armée idéologique des Pasdarans. Le miracle turc est d'abord celui de l'émancipation progressive d'un capitalisme, initialement familial, de la tutelle des pouvoirs publics, et d'un marché intérieur dont la solvabilité fut longtemps insuffisante. Les entrepreneurs turcs ont entièrement rénové le vieux secteur manufacturier soviétique de l'Azerbaïdjan et de la Turkménie, ils commencent à étendre leur savoir-faire impressionnant à Moscou, en Arabie Saoudite et même au Maghreb et en Afrique noire, dans des secteurs pionniers comme les télécoms, ou plus traditionnels comme les travaux publics ou le textile. Sans constitution d'un tissu économique comparable (qu'on ne retrouve guère qu'au Maroc, en Tunisie, au Liban, et à un moindre degré en Egypte et en Jordanie), il manquera toujours, pendant les années de transition, un fondement économique solide au progrès, pourtant incontestable, de la démocratie dans le monde arabe.

5. *Relations bilatérales avec l'Union européenne*

Enfin, un mot de la politique de rapprochement avec l'Union européenne. La Turquie suit avec confiance l'intuition d'élites qui, depuis l'Empire ottoman, avaient toujours eu le regard tourné vers l'Ouest. Malgré tous les mécomptes actuels, cette politique demeure constante et inamovible en ce qu'elle reflète un véritable choix de civilisation. On ne peut la comparer qu'à la politique de l'Indonésie, devenue pleinement démocratique et en croissance forte, qui, symétriquement, a choisi de se tourner vers la Chine et le Japon, malgré les sollicitations d'une minorité conservatrice et islamiste qui se veut idéologiquement tournée vers la Péninsule arabique dont proviennent partiellement certaines de ses élites. Une telle conversion du monde arabe à l'Alliance européenne avait déjà été pensée par les rois du Maroc Mohammed V et Hassan II. Mais elle demeurait à ce jour impraticable. Des élites profondément occidentalisées en Egypte ou au Levant gardaient le regard tourné vers la culture française. Mais, malgré les tentatives de l'Union pour la Méditerranée, cette fausse bonne idée qui, conçue trop largement, n'a donné lieu jusqu'à présent à aucune réalisation pratique, on n'observe pas de véritable appétence vers l'Europe – en dehors de la société civile iranienne qui se débarrassera sans doute plus vite qu'on ne l'imagine de son actuel gouvernement islamiste. Il apparaît, contre toute attente, qu'une intégration de la Turquie à une Union européenne repensée, au feu de l'actuelle crise de l'euro, constitue pour demain la véritable architrave du dialogue entre l'Occident européen et l'Orient musulman. Comme, on le sait, l'interpénétration de ces deux réalités, Occident et Orient, est de plus en plus prégnante, depuis Londres jusqu'à Moscou, en passant par Paris et Berlin, et il y a fort à parier que notre Ancien Monde aura singulièrement besoin du jeune géant turc pour ménager les médiations indispensables à notre avenir, désormais de plus en plus commun.

Conclusion

Il est temps de conclure de quelques mots l'analyse de cette partie du monde contemporain qui nous livre le spectacle d'un bouleversement considérable. A la fin de la guerre froide, la consternation se lisait dans le monde arabe sur tous les visages des officiels, petits et grands, qui regrettaient très explicitement ce monde soviétique qui s'affalait sous leurs yeux. Non que ce regret fût directement idéologique, en dehors de quelques noyaux communistes déjà réduits depuis bien longtemps à leur plus simple expression. L'Union soviétique ne recueillait plus guère d'adeptes, encore moins lorsqu'elle se fut ingéniée, avec Gorbatchev, à récupérer à son profit des valeurs démocratiques, qui ne lui étaient en réalité nullement étrangères. Ce que toutes les bureaucraties arabes regrettaient ouvertement, c'était en fait la fin d'un jeu de bascule entre Moscou et Washington, dans lequel elles étaient passés maîtres, tout autant qu'elles comprenaient qu'un Occident féru de valeurs démocratiques allait devenir un peu moins complaisant envers les penchants des régimes dictatoriaux, amis ou adversaires, courtisés et ménagés avec une égale bienveillance ; sans parler d'Israël, qui cessait dès lors d'être assiégé depuis l'Europe de l'Est par une pléiade de régimes hostiles et, pour la plupart, passablement antisémites.

C'est alors que Saddam Hussein abattit sa carte maîtresse. Jusque-là, le tyran irakien avait fait figure de grand second rôle du nationalisme arabe. Sa guerre avec l'Iran en avait presque fait un client des Etats-Unis et de la France, qui l'avaient tout juste retenu de basculer dans le gouffre au début des années 1980. Mais sa décision brutale et instinctive d'envahir Koweït sans déclaration de guerre, au moment même où l'Union soviétique entamait sa véritable agonie (août 1990), avait quelque chose de génial et de prémonitoire. Saddam prenait ainsi les devants, rompant ses connexions occidentales, pour affirmer, sous l'étendard de l'islam arabe, la validité de la dictature et la logique du nationalisme intégral. Il revêtait ainsi, l'espace d'un instant, le manteau prestigieux de Nasser, et sa défaite militaire six mois plus tard évoquait la faillite de son prédécesseur égyptien en 1967. Mais même une défaite honteuse ne pouvait éradiquer, dans le monde arabe, la solidité du projet dictatorial. C'est au moins grâce à ce projet que Saddam survécut encore assez bien pendant les douze années suivantes, sortant unilatéralement des conventions d'armistice de 1991, et des inspections intensives de l'AIEA, dès 1998, avec l'assentiment de la France et de la Russie. C'est toujours au nom de ce projet dictatorial inentamé que Kadhafi résistait tant bien que mal aux sanctions internationales, pour finir par faire sa paix en 2003 avec l'Amérique, sans modifier en profondeur l'ordre intérieur sinistre qu'il faisait régner. Et c'est toujours au nom de ces valeurs de nationalisme exclusif et de violence légitime que Yasser Arafat à son tour, avec les encouragements de Saddam

Hussein, se lançait en l'an 2000 dans son ultime combat contre Israël, l'Intifada des mosquées. Le mouvement palestinien y perdit quelques acquis de la trêve bienheureuse des années 1990 ; il y perdit surtout les alliés sur lesquels il avait pu compter jusqu'alors en Israël. La montée inexorable du Hamas à Gaza, en Cisjordanie, et à la direction d'Al Jazira est la conséquence de ce choix d'Arafat, qui entérinait ainsi sa faillite politique.

Il faudra attendre en réalité les deux défaites stratégiques déjà évoquées de l'islamisme radical, en Algérie et en Iran, pour voir émerger les prémices du moment actuel. Désormais, le pluralisme politique avait définitivement conquis droit de cité dans deux pays essentiels du monde de l'islam, et ce fut l'erreur stratégique commune aux deux despotes débonnaires qu'étaient Ben Ali et Moubarak que de ne pas comprendre la réalité de ces deux victoires. A Alger, ce n'était pas la poigne de fer de l'Etat policier et administratif qui avait vaincu, mais bien un authentique rassemblement anti-intégriste, assez hétéroclite, mais foncièrement démocratique, qui avait fini par permettre à une armée hors d'haleine de l'emporter sur le fil. A Téhéran, ce n'était pas le régime islamiste qui faisait peau neuve avec Khatami, mais le peuple iranien qui commençait à reprendre ses droits, et cassait ainsi définitivement le ressort du prosélytisme politique de l'Iran révolutionnaire. De même, le démocratisme musulman de l'Iran de la fin des années 1990 annonçait la grande conversion des islamistes turcs à la république parlementaire, qui leur ouvrit les portes du pouvoir légitime en 2002.

Ce n'était dès lors qu'une question de temps pour que ces réalités nouvelles infusent, et ce malgré le coup d'arrêt que septembre 2001 porta à la démocratisation. Certes, Oussama Ben Laden a bien consenti à quitter philosophiquement cette terre, au moment même où le Printemps arabe battait son plein et où la tactique prudente des Frères musulmans au Caire invalidait définitivement la démarche terroriste de son coadjuteur Ayman Zawahiri – qui avait déjà rompu, pour cette raison, avec les leaders plus rassis de la confrérie, quinze ans auparavant. Mais il faut bien dire aussi que cette décennie post-2001 avait permis à la « taupe de l'Histoire » de faire son office. C'est de cette période en effet que datent les débuts très prometteurs de la perestroïka marocaine de Mohammed VI, la consolidation du pluralisme politique en Algérie, le consentement du gouvernement soudanais de Khartoum, traqué par les sanctions internationales, à la sécession du Sud-Soudan africain, ainsi que les succès incontestables de l'Autorité palestinienne en Cisjordanie, après la fin de l'Intifada des mosquées, sous le Premier ministre modéré et occidentaliste Salem Fayyad, dont le bilan fournit un contraste saisissant avec le chaos délibéré que le Hamas aura laissé à Gaza, dans sa période d'auto-administration. Je n'hésite évidemment pas à intégrer à ce bilan la victoire difficile de George W. Bush et du général Petraeus en Irak, qui fut, tout au long des cinq premières années du nouvel Irak, celle des balbutiements d'une démocratie pluraliste, fondée à Bagdad sur deux élections générales, de plus en plus libres et de plus en plus compétitives. Même le Liban, malgré la régression évidente qu'incarne l'hégémonie actuelle du Hezbollah chiite sur une coalition gouvernementale jusqu'ici acquise à la Syrie, est demeuré tout au long de ces années une société libre, disposant d'une presse libre et de gouvernements de coalition – même si les difficultés, les assassinats politiques régulateurs du despotisme et les intolérances communautaristes n'y ont jamais cessé.

La prochaine secousse affectera l'Iran et, très positivement, le régime terroriste et provocateur d'Ahmadinedjad arrivant à son terme. Car jamais les contradictions internes de l'Iran n'auront atteint un tel degré d'intensité. Loin de représenter une soupape de sûreté pour le régime actuel, de plus en plus bicéphale d'Ahmadinedjad et du Guide de la Révolution, Ali Khamenei, la montée en puissance des Frères musulmans égyptiens et syriens, alliés au Qatar, s'avère à présent un véritable défi existentiel pour la nation syrienne, plus encore que pour un régime, déjà à bout de souffle depuis plusieurs années. Le moment est bien proche, où le correctif intégriste qu'apporte déjà sur le plan intérieur en Arabie Saoudite le prince régent Nayef s'ajoutera à l'émergence, aux côtés des Frères, d'un courant salafiste concurrentiel, représenté aux parlements du Caire et de Tunis, présent en armes dans la Libye libérée de Khadafi comme dans la Syrie qui s'enfonce dans la guerre civile. Ici ce sont les alliés libanais, syriens et irakiens de l'Iran qui sont les premiers à tirer le signal d'alarme. En outre, la perspective de plus en plus probable en Afghanistan d'un abandon accéléré par les Occidentaux se dessine clairement, la France venant de donner le malencontreux signal de la débandade qu'attendaient les autres alliés des Etats-Unis. L'armée pakistanaise est requinquée par les victoires tactiques des Talibans, l'affaissement du pouvoir civil à Islamabad et les sympathies non dissimulées de cette armée si politique pour le nouvel expansionnisme sunnite égypto-saoudien. Elle se prépare donc déjà à guerroyer pour Kaboul et coopérer sur le plan nucléaire avec ses homologues égyptiens et saoudiens. La logique profonde de ce nouvel affrontement est donc claire : il faudrait que l'Iran trouve un compromis ouvrant sur une trêve avec l'Etat d'Israël, élabore dans le même temps les moyens d'un accord politique en Syrie, avec les aides convergentes de la Turquie et de la Russie. Mais cette politique, conforme aux intérêts de la nation iranienne ainsi qu'à l'avenir d'une dissuasion quelconque beaucoup moins provocatrice que le dispositif actuellement envisagé à Téhéran, suppose à son tour une cessation nette et claire du régime autoritaire en place. C'est beaucoup demander à un Iran encore profondément divisé dans ses aspirations diverses, et pas encore pleinement réconcilié, dans ses élites, avec l'idée démocratique elle-même. Cette mutation devra pourtant s'opérer bientôt, avant que le chaos général n'ait raison de la stabilité du pays, bien mieux et bien plus vite que les piqûres d'épingle, néanmoins efficaces, d'Israël et de ses alliés.

On peut espérer de cette nécessaire mutation une conjonction ultime des influences croisées de la Turquie et de l'Iran, alliés bien au-delà de la politique au sens strict, sur les destins non moins croisés de l'Irak et de la Syrie – et bien sûr du Liban, sous les conditions particulières à ce pays à nul autre comparable. On peut surtout espérer, au lendemain de la chute de Kadhafi et des élections tunisienne et marocaine, qu'émergera un Maghreb extraverti, à l'avant-garde de la liberté arabe, et qui, quand l'Algérie aura à son tour consolidé sa grande mutation, formerait alors à l'Ouest du monde islamique une sorte de « seconde Turquie », tournée vers le partenariat avec l'Europe. C'est en effet par un paradoxe extraordinaire, mais qui s'est pourtant déjà produit après 1956, l'hégémonie politique nouvelle de l'Egypte, appuyée ici sur le sunnisme intégriste et non plus sur le nassérisme révolutionnaire d'autrefois, qui a fait émerger pleinement un Maghreb en voie de démocratisation en tant que sujet politique de plein exercice. Les élections de Tunis et de Rabat n'ont été endeuillées par aucune des violences qu'à connues Le Caire, avant que l'Egypte ne plonge dans l'autoritarisme véritable. L'environnement géopolitique de tout le Maghreb n'est pas naturellement obsidional, à la différence de celui d'une Egypte, confrontée directement à Israël et tentée par l'expansion tous azimuts comme réponse provocatrice à son rapide délitement économique, entièrement prévisible dans les chiffres alarmants de la récente décroissance de son PIB. Enfin, située exactement entre l'Egypte autoritaire et nationaliste, et le Maghreb sous influence française, la Libye post-insurrectionnelle est d'ores et déjà la pomme de discorde toute trouvée d'une confrontation qui ne peut être, à terme, que religieuse et nationale, comme le sera l'inévitable remise en perspective des rapports de la Turquie avec une identité arabe révolutionnaire qui renoue de plus belle avec ses démons salafistes intégristes.

Entre ces deux pôles de liberté politique, il reste le centre de la région, Egypte et Arabie, et même le centre de ce centre, la Palestine, face à Israël. Ici, fou serait celui qui sortirait de l'observation pour se risquer au pronostic. Les écueils sont nombreux sur la voie de l'émancipation. Mais fou aussi celui qui prétendrait ne tenir pour rien ce vent de liberté qui nous est parvenu du Caire, et dont aucune volonté contraire future ne pourra venir offusquer l'éclat. L'avenir du monde arabe reste donc à écrire. Et nous, spectateurs européens de ce grand drame, nous y pouvons encore quelque chose, pour peu que les impératifs moralisateurs de notre raison pratique n'affectent pas trop sérieusement notre faculté de juger.

Table

Composé par Nord Compo Multimédia
7, rue de Fives, 59650 Villeneuve-d'Ascq

Dépôt légal : avril 2012
N° d'édition : 17169

www.ingramcontent.com/pod-product-compliance
Lightning Source LLC
LaVergne TN
LVHW051221060726
842526LV00013B/2847